12
双赢
规则
接纳
9
3
"我—信息"
倾听
6
管教

12
双减
规则
接纳
他律
9
3
"我—信息"
自律
倾听
6
管教

唤醒孩子的自律

TEACHING CHILDREN SELF-DISCIPLINE

[美] 托马斯·戈登 著

窦珺 译

人民东方出版传媒

東方出版社

图字：01-2017-2338

图书在版编目（CIP）数据

P.E.T. 父母效能训练：唤醒孩子的自律 / (美) 托马斯 · 戈登著；窦珺译 . —北京：东方出版社，2019.6

书名原文：Teaching Children Self-discipline

ISBN 978-7-5207-0977-4

Ⅰ. ① P… Ⅱ. ①托… ②窦… Ⅲ. ①自律—家庭教育 Ⅳ. ① G78

中国版本图书馆 CIP 数据核字 (2019) 第 070710 号

P. E. T. 父母效能训练：唤醒孩子的自律
(P.E.T. FUMU XIAONENG XUNLIAN: HUANXING HAIZI DE ZILÜ)
作者：[美] 托马斯 · 戈登
译者：窦　珺

策划编辑：鲁艳芳　周　朋
责任编辑：黎民子
出　　版：东方出版社
发　　行：人民东方出版传媒有限公司
地　　址：北京市西城区北三环中路 6 号
邮　　编：100120
印　　刷：北京洲际印刷有限责任公司
版　　次：2019 年 6 月第 1 版
印　　次：2019 年 6 月第 1 次印刷　2021 年 7 月第 13 次印刷
开　　本：710 毫米 ×1000 毫米　1/16
印　　张：17
字　　数：185 千字
书　　号：ISBN 978-7-5207-0977-4
定　　价：49.80 元
发行电话：(010) 85924663　85924644　85924641

目录

Catalogue

扫码免费收听
本书导读课程

引言：管教之辩

近来，在美国乃至全球，管教已然成为一个重要的话题。这个话题甚至吸引了美国总统的注意，在美国最高法院以及国会也进行了热烈的讨论；夫妻间最易产生争执的话题也莫过于此；家长委员会、学校教师会议，甚至教育部门，也都对此话题进行了探讨。严厉的管教，包括家长惩罚孩子的权力，是所谓家庭伦理倡导者们以及道德多数派（the Moral Majority）[①] 所秉持理念中关键的一环。在民意调查中，对子女的管教也是家长们最关切的问题。

显然，管教已经成为政治、法律、教育、宗教和家庭的综合性问题。它也明确地将家长、教师、教练、学校管理人员和其他孩子们的照看者进行了划分。

书店里关于养育的书籍比比皆是，如《敢于管教》（*Dare to Discipline*），《严格管教之教师版》（*Assertive Discipline for Teachers*），《严格管教之家长版》（*Assertive Discipline for*

① 道德多数派（the Moral Majority），由 Jerry Falwell 建立起的以基要派为中心的宗教性政治团体，提倡恢复美国传统的精干政府、军事强国、爱国主义、商业自由和整顿、复兴道德。

Parents),《父母权力》(*Parent Power*),《行动的父母：管教的必要》(*Parents on the Run*：*The Need for Discipline*),《父母的权力》(*Power to the Parents*),《叛逆的青少年》(*Your Acting Up Teenagers*),《家长必备工具包》(*Survival Kit for Parents*),《艰难的爱》(*Toughlove*)，还有一本是——信不信由你——《如果你爱我，请打我》(*Spank Me If You Love Me*)。

而从报纸及杂志中以此为话题的文章数量来看，也可知晓大家对管教之辩的关注。我收集了一些与管教及体罚相关文章的题目，下面只是列举了其中的一小部分：

英国终结了学校管教中痛苦的传统

拜托，不要再体罚

11月1日起禁止使用鞭打

圣塔菲的学校考虑禁止使用鞭打

对罪犯都显残忍的方式却用在孩子身上

斯波坎的学校禁止使用鞭打

彻底扔掉棍棒

教师与全班学生一起体罚11岁的女孩

学校使用体罚滋生了打架行为

老师体罚学生，29人被罚款及吊销资格

封上嘴巴

教练打学生的诉讼事件

另外也可以清晰地看到这样的管教事件引发了许多家长们的内在冲突。在全国的父母效能训练（Parent Effectiveness

Training，P.E.T.）课程中，我们也发现许多家长在参加课程之初往往是陷于“要么严格，要么骄纵”的两难境地。我记得有位妈妈这样回忆道：“对老大，我非常严厉，效果不佳，于是当第二个孩子出生后，我决定做一个仁慈的妈妈。”另一位家长说：“我不想成为那种专制而严厉的家长，就像我所经历过的，但是我发现自己所使用的正是这种方式——一样的语言——与我父母如出一辙。我痛恨这样的轮回。”

对于许多学校老师来讲，也常常会陷入这样的两难境地。起初，他们都希望自己是那个让学生感到温暖、友好和仁慈的师长，可是后来却看到自己又重蹈前人覆辙。至今老师们仍会经常听到来自他人这样的告诫：“圣诞节之前最好不要在学生面前展露笑容。”

该如何看待管教问题？如何表述管教问题？持不同理论的人又给了家长和老师什么建议呢？让我们来仔细探究这些问题。

美国总统里根曾经在1983年的全国教育研讨会上呼吁大家“找回以前的好纪律”：

> 美国的学校需要的并不是更多的金钱投入，需要的是根本性的变革。首先，我们需要重建以前的良好纪律（discipline）……我们需要比现在更为严格的管教规则；并且要支持老师们去实施这些规则。

很快，在1984年1月，里根总统收到了一封认可此说法的确认报告。这份报告由教育与司法部门以及来自预算管理部门的代表们提供。这份著名的报告强调了学校中暴力及秩序混乱的问题，强调了对严格纪律的需求，认为应该提升老师、校长以及行政人员在处理纪律问题方面的“权威”。

但是，一些社会学家，尤其是心理学家们，则认为这种严厉的惩罚纪律并不会有效，而且事实上，这会给孩子以及年轻人带来伤害。知名教育家协会纪律委员会主席菲·德尔塔·卡帕和俄亥俄州州立大学教授威廉姆·维森先生，最近在国会听讯会上提出如下观点：

如果没有去努力引导学生参与及配合，仅仅只是严厉地提出规定，那势必会引致错误的管教，并可能引发暴力，而最需要得到学校关注的学生却只能是被逐出校门。

该委员会进一步解释，一个好学校通常会具备的特征包括：学校内部的合作及家庭之间的合作，民主地决策，学生具有归属感，拥有能够帮助提升自律的规则而不是对大人的百依百顺，有趣并极具挑战性的教学方式，处理学生之间及师生之间问题的能力，具备与这些理念相配的设备与制度。

欧文·海曼，是一名教育心理学家，供职于天普大学关于学校体罚及可替代方式国家研究中心。他的研究小组证实：

除了会产生对老师的暴力外，针对学生的惩罚行为会更加剧学校学生们的不当行为，而不是改变这些不当行为……“那些过时的好纪律”对于改善孩子们行为的效果微弱。

斯金纳博士是全球行为主义心理学的领先者，以哈佛大学教授身份退休，他最近也加入了反对学校体罚的运动中。在给加州议员山姆的信件中，他写道：

我听说保守的教派正在组织要反对在加州学校废除体罚的提案，并歪曲此提案，声称提案会加剧恐怖主义及学校其他的暴力形式。这种说法当然是错的。（想想这些人在使用这样的方式，同时又在上帝面前祈祷着爱与真理，实在荒谬）

警察、老师、配偶或者家长们使用这些惩罚方式，最终所带来的效果众所周知：（1）离家出走（或是逃学）；（2）反抗（故意破坏学校以及攻击老师）；（3）冷漠（无所事事、压抑）……此法案鼓励老师们寻求其他方式来管理学生，从长远计，将更为有效。

显然，国会与州立法机构对于“那些过时的好纪律”有着与里根总统和报告中不同的看法。

管教已成为继里根总统 1981 年 3 月 30 日遇刺事件之后的又一热门话题，刺杀事件中的刺杀者约翰·辛克利出生于丹佛一个富裕并且在当地享有威望的家庭。

枪击事件之前，刺杀者的父亲杰克·辛克利的家教甚是严格，并最终采用把儿子逐出家门的方式期待孩子可以变得经济独立。这些方式来自家庭心理医生的建议。在年轻的辛克利入狱后，他的父母承认这种“严苛的爱”的养育方式是错误的，并且愿意为孩子所有的行为负全责。在 1984 年，杰克·辛克利是这样对《洛杉矶时报》的记者述说的：

曾经我们也与现在很多人一样保守。认为严苛、再严苛的惩罚才是针对犯罪和暴力的良药……我现在意识到这是错误的……在约翰及许多其他孩子的案件中，当孩子们没有受到毒品和酒精的纠缠，却无法独自应对生活时，我们更应该意识到哪里出问题了。在每次的访谈中我都会说：看在上帝的分儿上，不要将那个不知如何应对问题的孩子逐出家门。

之后辛克利卖掉自己所有的产业投身于全国的一项改革运动中，致力于让民众认识到精神健康的重要性。

1977 年，由于英格拉姆·怀特的案件，体罚在美国最高法院被质疑，课堂中的管教成为一个话题。在这个案件中，校长用木条体罚两名青少年学生，使孩子们受到了严重的伤害。事情发生后，在医院做的详细检查中，发现其家长也使用过体罚，医院甚至想通过法律来控告家长有虐待儿童的行为。尽管如此，之后国会以微弱的得票优势决定孩子们的身体不受保护，而美国宪法中则将同等的身体保护赋予成人，包括犯人。大法官布兰克认为学校的孩子们不需要获得第八修正案中的保护，该修正案中禁止在美国土地上使用残酷及不人道的惩罚。大法官路易斯声称如若孩子们在学习阶段得到这样的保护，那么“老师们在学校的管教力量就会被削弱”。他同时写道：“采用棍棒来管教那些不服从的孩子，可以帮助这些孩子渐渐地有责任感，并且会让那些淘气的孩子更有礼貌。”

足够的证据证实普通大众对于法院裁决的支持。盖勒普的一些调查也显示在大多数人支持体罚合法性的同时，家长们也将管教看作是学校急需解决的问题，只有少数的家长（不到20%）不赞成学校可以使用体罚。

或许当读者们看到在美国只有八个州彻底禁止学校使用体罚时会觉得惊讶，这八个州是：加利福尼亚州、夏威夷州、缅因州、马萨诸塞州、新罕布什尔州、纽约州、罗德岛州和佛蒙特州。其中只有六个州设立法律保护那些住在寄养家庭、儿童福利院和学校的孩子。

许多国家都在探讨管教的问题。这的确是一个国际性的议题。几年前，瑞典开始准备禁止体罚时，这个议题就引起当时瑞典全国性的热议。虽然遭遇强烈的反对，最终这个议题还是获得通过，瑞典宣布学校的体罚行为是违法行为。

在中国，如果老师在发火时动了手，那么老师有可能会被处罚。在新加坡，只有校长或者资深老师才可以对10岁以上的男孩在其违反学校规定时使用藤条鞭打。在日本，第二次世界大战后，体罚就被禁止，但是“体罚程度的问题”经常会被重新讨论。土耳其有这样一句名言："玫瑰花盛开在老师的棍棒之下。"在拉丁美洲，虽然体罚已被禁止，但是在乡间，依旧会使用鞭子。肯尼亚没有禁止体罚，但是对其规定非常严格，只有在一些仪式上会使用，并且要有专人在场：在有证据的前提下，由校长亲自执行，执行过程包括使用藤条的数量都会被详细记录在"惩罚簿"上，通常是犯了严重错误的学生才会被鞭打，例如说谎、欺凌或者酒醉闹事。在比利时，体罚会招致判刑。在泰国，体罚用的棍子直径不能超过19毫米。

在许多发达国家，已经通过法律的方式禁止在学校对学生使用体罚。比如奥地利、比利时、塞浦路斯、丹麦、厄瓜多尔、芬兰、法国、冰岛、爱尔兰、以色列、意大利、日本、约旦、卢森堡、毛里求斯、荷兰、挪威、葡萄牙、卡塔尔、罗马尼亚、西班牙、瑞典、瑞士、土耳其以及苏联。波兰甚至在1783年就在学校禁止使用体罚。

有人曾指出，除了少数例外，那些依旧使用体罚的国家在历史上都曾被大英帝国（英格兰在1986年禁止公立学校使用体罚）所统治，比如苏格兰、威尔士、美国、南非、澳大利亚、加拿大、百慕大。

在苏联，著名教育学家马卡连柯于1930年出版的著作《俄罗斯家长手册》在当年引发了全国对管教的争论。与《斯波克育儿经》在苏联的遭遇不同，这本书是当年最畅销的书籍。马卡连柯书中的观点在当时的苏联极具争议性，他批评苏联的家庭中存在"不健康特征"——太多的家长特权以及家长对于体罚的依赖。

在美国，大家从电视节目中获知，管教也是突出的宗教问题。道德多数派为"老派家庭"摇旗呐喊，福音传教士们强烈反对那些为孩子们争取权力的运动，他们称这样的运动是“儿童解放”并且警告家长们这些运动是鼓励孩子们去起诉家长或离开家长。“老派家庭”谴责诸如留长发、性教育、言论自由、摇滚音乐和青少年的性自由，他们将这些视作是家长未能使用“权威”的后果。他们强烈支持家长制的家庭，认为家长不仅有责任而且有义务用严格控制来管制孩子。

“老派家庭”有其狂热的支持者，同时也遭到了严肃的批评。许多批评者认为“使用权力”是采用这种方式最大的问题。《女性》杂志创办人及《家庭政治》一书的作者莱迪·博格莱宾就对此提出批评。她在1980年白宫关于家庭的会议中报告了她对这些“老派家庭”组织游说活动的观察记录：

我观察到他们会谴责进步人士及女权主义者，同时会强调要坚决控制孩子……我听到许多人会回避谈论儿童受虐的话题，他们对如何让家长们有权力打孩子更感兴趣。我问其中一人，为何如此看重体罚？他回答道：“要让他们知道谁才是老大。”在整个会议期间，家长们公开抱怨他们的孩子会顶嘴、不关心家长而更关心朋友、穿着不整洁、音乐声开得很大、看电视，并且根本不在乎家长。家长们对此倍感沮丧。他们在不自知中失去了孩子。他们不知道除了依靠强迫和制裁外还能如何获得孩子的尊重。他们混淆了骄纵与爱……“老派家庭”给出的唯一解决方案就是权威及上帝赋予的规则。这个关于家庭的国家性质的会议最终将话题转至控制而非关怀。

詹姆士·杜布森（James Dobson）认为对孩子应当严苛惩罚管制，他是这一方式的代言人。他关于养育的视频和电影经常在教堂里播放，其观点也被美国人所知晓。他非常看重家庭中的正直与诚实，他也认为只有家长“敢于管教”时，这样的品质才能延续。《敢于管教》也是他出版的众多书籍中的一本。

杜布森指出为何对他来讲，管教是与宗教相关的话题。他认为对家长的服从，是对其他成人乃至最高旨意服从的基础。对于基督教家庭来讲，需要有绝对的服从。以绝对服从为信仰基础，那么反叛也顺理成章成为最大的罪恶。（家长们）应当认识到故意挑战权威的危险所在，在《圣经·撒母耳记》第15章第23节有这样一段内容："悖逆的罪与行邪术的罪相等；顽梗的罪与拜虚神和偶像的罪相同。"

而同时，由于其他一些事件的影响，管教在健康专家那里也成为重要并且被广泛探讨的话题。在1962年，亨利·肯佩及其同事在《美国医学期刊》上发表了他的经典之作《被虐待儿童的后遗症》。这篇文章也开启了对被虐待儿童的调查。在20世纪60年代末，全美50个州均制定了法令，规定医院对虐待儿童的事件必须全部报告到法律机构。目前全美有18个州制定法律，任何人都知晓自己有义务把虐待儿童的行为报告相关机构。1974年，"儿童虐待问题国家研究中心"由联邦政府正式成立，提供民众必要的知识与支持。

我在担任"国家防止虐待儿童委员会"（NCPCA，1972年在芝加哥成立）顾问时开始接触虐待儿童的问题。在此期间，我负责写一本《父母须知》的小册子。这本书与其他一系列的书都由NCPCA为家长和专家们不断续印。在这本小册子中，我介绍了在P.E.T.课堂中与家长们所分享的体罚之外的方法。也正是在该委员会工作的这段时间里，我意识到在美国虐待儿童现象是如此普遍并且不断上演，这些都让我心痛不已。

在1980年，一组社会学家出版了一本举足轻重的书。在这本书里总结了八年间对家庭中各种类型家庭暴力的采访及研究结果。

这些作者和首席观察员中包括极具知名度的罗德岛大学社会学系主任理查德·盖勒，诸多以家庭为主题的文章作者、新汉普郡大学的社会学教授穆里·斯特劳斯和特拉华州大学社会学教授苏珊娜·斯坦梅茨。《关闭的门：美国家庭中的暴力》① 从广度及深度上揭示了家庭中的暴力：家长—孩子、孩子—孩子、孩子—家长、丈夫—妻子、妻子—丈夫。从清教徒时代“将恶魔打出孩子”到今日流行的“打屁股不会伤到孩子”，这本书有对美国家庭暴力根源的分析以及对 2413 名家长的调查报告。

在这个大样本的调查报告中可以看到如下一些有意义的发现：

◆ 70% 家庭认为打骂 12 岁的孩子是“必需”的，77% 将其看作“正常”，71% 认为“好”。73% 的家庭承认对孩子使用了暴力。

◆ 打过孩子的母亲平均一年会打孩子 7.2 次。

◆ 3 岁大的孩子中有 86% 会遭受来自父母的某种形式的暴力伤害，5 岁大的孩子中有 82%，10 岁到 14 岁的孩子中有 54%，而 15 岁到 17 岁的孩子中会有 33%。

在这项研究中同时发现，对于孩子的体罚方式要比只是“打孩子屁股”严重。如下：

◆ 有三四百万的孩子曾被家长踢过、揍过。

◆ 在 1975 年，有 100 万 -190 万的孩子被踢、被揍。

---

① 在本研究中的“暴力”一词被定义为“会带来身体疼痛或伤害的行为”。虐待是指会对他人造成伤害（比如用踢、揍、打）的方式以及用坚硬的物品打、刺或者射击。

◆ 有 140 万 –230 万的孩子在成长过程中遭到暴打。

《关闭的门》一书的作者们承认，当看到孩子们成为家长暴力的牺牲品，而频率高达两个月就会发生一次时，他们也非常震惊。他们非所愿地得到如下结论：虐待儿童并不是偶尔的行为，而是一种家庭习惯性的行为。

当看到这些研究结果时，你或许会有与我相同的反应。我从这些结果中没有感到我们的国家对孩子有过多的“纵容”，也没有感到如同敢于管教的倡导者们所说的我们在以“孩子为中心”，事实却恰恰相反。在我们的国家，家长们毫不怀疑那句老话“扔掉棍棒，教坏孩子”；在我们的国家，大家会默许故事里那些带着孩子（尤其是男孩）走到柴房里的父亲；在我们的国家，大家会取笑那些折断樱桃树枝还落泪的母亲；在我们的国家，人们会崇敬那些通过严格管教而树立声望的运动员教练和少年棒球联盟的经理；在我们的国家，脱口秀中“严苛的爱”、严厉的管教及强势的父母权威总会迎来喝彩；在我们的国家，每年会有 3.5% 的学生遭到杖责（阿肯色州为 12.55%，佛罗里达州、密西西比州和田纳西州都超过 10%）。

大人们在体罚孩子时也经常会抱有这样一些说辞：“这是为了孩子们好”，“这些小鞭打不会伤到孩子”，“我自己就是这么长大的，为什么就不能用在孩子身上”，“孩子就该受点教训”。

我听说在私立学校里，如果校方有严格的穿衣规则、会采用体罚、理念极其“严肃”，那么大家会排队去报名。那些想要孩子被军事化管理的父母数量远远超过我们所预料的。这些家长们相信，通过这样的管理方式，孩子会更加“正直”“稳重”“尊重权威”“有男子气概”。

尽管从上文看来，美国普遍存在着孩子需要被管教的认识，但是许多家长也承认在惩罚孩子过程中五味杂陈。在我较早期的课程中，有位妈妈坦陈道："我会迁就他们直到我无法忍受他们，于是我开始变得专制，可是这又让我无法忍受我自己。"

我们很多人依旧能想起当年我们一边挨揍一边听家长们讲："打在你身，疼在我心。"但是我对此表示怀疑。

《关闭的门》一书的作者们意识到我们国家倾向于使用体罚的严重性，他们严正地提出应当废除体罚：

即使在大部分的家长们看来体罚是必须的，即使很多家长倾向于认为体罚是为了孩子们好，我们也必须不断减少对孩子们使用体罚，并且寻求其他的养育方式。我们相信不通过暴力也依旧可以养育出健康、开心、举止得体的孩子……总之，我们可以让孩子们知道有其他的一些方式来面对我们爱的人。

当然，并不是所有的心理学家都对此赞同。我最近正在翻阅的俄克拉荷马州心理学家洛根·莱特博士所写的《父母的权力》，洛根·莱特博士在1977年正是凭借此书获得了美国心理学会颁发的杰出贡献奖。这本书中开头两句是这样告诫父母的：

家长们如果想要让家里正常运转，就需要采取并且维持对家的控制。最主要的原因是在你真正能够支持和爱孩子之前，你必须具备这样的控制力。

莱特博士的书对我有很深刻的影响。我记得自己经常会将书放下开始思考：到底是怎么了？为何如此卓越的心理学家也会认为控制与管教孩子是爱孩子的先决条件？这让我踟蹰不前，我对于管教的研究、我想要分享从老师及家长那里学习到的经验，都因此而停滞。

我阅读了所有关于家长权力及管教的书籍，并搜集了心理学家们关于管教、惩罚、权力、养育方式等相关内容的文献资料。通过阅读本书，你会看到这类文献的数量惊人。

我逐渐意识到管教这个问题是如此复杂。在理清的过程中我对这个主题有了更深刻的理解，同时我也更加坚定了要与大家分享我自己和他人对“管教及管教会对孩子带来的影响”这个问题的看法。这本书将会呈现这些研究结果，在第一章中，我们将深入探讨“管教”的含义。举例而言，我发现管教本身有很多含义——有好有坏——诸多作者都看到这个事实。我了解到对于多数人来说，管教意味着使用奖惩，就像是驯服宠物。我发现奖励对大一点的孩子不起作用，为何会如此？为何惩罚就必须严苛？由于很多关于管教的书中都不会明确界定“权威”的严苛程度，有些和蔼、有些严厉，于是我经常会困于其中。我发现，如果是温和地惩罚，有时会起到奖励的作用；而奖励有时会让孩子感到被惩罚。我发现惩罚并不会改善孩子的暴力倾向，比如打小孩子的方式反倒让孩子学会了攻击他人。

我将会给家长和老师们提供惩罚之外的其他方式，所有这些方式都不会使用长辈式的权力。这些方式包括：极大地提升你处理孩子们的不可接纳行为或破坏性行为的能力；用自律替代大人强压式的管教；孩子将学会自控而非受到大人的控制；不再由大人独自设定规则而是由亲子双方共同制定规则；在冲突解决中不再是用“你输我赢”的解决方案，而是用“无输家”的解决方案。在本书的第二部分中会与读者介绍这些更加有效、更加民主，并且更人性化的方法。

在我对管教的研究过程中，发现一个清晰的事实：我们的社会正在使用一套错误的策略，来减少那些青少年会出现的自毁行为以及社会不可接纳的行为，诸如酗酒、抽烟、毒品、犯罪、逃学、酒驾、破坏公物、未婚先孕、强奸、自杀等。这些行为发生频率的增加，证明我们在家和学校对孩子所使用的传统管教方式都不奏效。事实上，或许管教本身也是造成这些行为的原因之一。

当这些问题出现时，我们通常只会想要对孩子做些什么，比如，父母选择一致的应对方式；校方、警察、少年法庭、州或者联邦起草法案来应对酗酒、抽烟、滥用毒品及酒驾；设置课程来教育或者恐吓孩子们不能破坏公物；让孩子放弃“说不”的规定；设定法律条款增加针对孩子们的惩罚效力；为孩子们提供咨询的项目；劝服家长们要严加管教（当然，也要有爱），“知道孩子在哪里”以及“让孩子放学后就回家”。

当了解了这些伤害孩子们及社会的行为背后的原因后，我坚定了自己的信念：能让我们看到希望的是另外一种策略——也就是“教导大人”如何来应对这些情况，帮助大人学习新的方式来管理家庭、学校以及以青少年为主的机构。这个策略需要让大人来学习技巧，从而使他们能更多民主、更少专制地管理自己的家庭与班级——这与我们以往侧重于“教导孩子”的思路不同。

第一部分
对管教的理解

12
9
3
6

1

第一章 词义的界定与澄清

·亦名词亦动词·

·教导与控制·

·他律与自律·

·对“规矩”的争议·

·该严还是该松？·

·“权威”一词的多种意义·

·神话——“慈爱的权威”·

有一位我非常欣赏的大学教授，他经常会叮嘱自己的学生："如果想要进行一场明智的探讨，那么请先将所探讨的词的词义界定清楚。"我发现词义界定不清也正是大家在探讨"管教"时会相互误解的原因。所以，在本书的开始部分，会先对"管教"一词的词义进行界定，希望可以对之后的探讨有所帮助。

亦名词亦动词

"管教"（discipline）一词既有名词词性，也有动词词性，两种词性下"管教"一词含义的不同很值得在开篇中进行探讨。作为名词，"管教"通常被理解为"纪律"，即符合规则的行为，或者通过训练习得的行为，比如"班级的纪律"或者"篮球队的纪律"。

"管教"作为名词时，很少会出现理解上的分歧。它通常会让大家想到次序、组织、合作、了解、按照规则执行，以及对他人权利的考虑。

《兰登书屋词典》中将动词形式的"管教"定义为："通过训练或控制来维持有序及服从的状态"和"处罚、惩罚、严惩或纠正"。比如：

老师用留校的方式管教上课说话的孩子。

如果家里的管教不严，孩子就会在学校惹是生非。

在针对管教的探讨中，会经常假设唯一能"得到管教（名词，可以理解成纪律）"的方式，就是无论在家里还是在学校，家长和老师都需要严加管教（动词）——也就是要控制、惩罚、严惩或纠正孩子。

我有足够的证据来反驳这个流传已广的信念。事实上，我发现想要让孩子们在家或者学校遵守规定，采用这样的管教方式（控制、惩罚等），效力是微弱的。研究显示，当老师离开教室或者当他们在黑板上写东西时，那些强制性的规则就会无影无踪，家长在家中的情况亦是如此。而且，由于管教孩子使用了权力——惩罚或者威胁，孩子们会为了保护自己而反抗、拒绝、报复，以避免自己被强制、被管制、被操控。

在斯特劳斯、盖勒和斯坦梅茨于1980年的研究中也发现，惩罚会造成孩子们相互的侵犯与暴力行为。与家庭中较少使用或不使用惩罚的学生相比，那些家庭中使用惩罚频率较高的家庭中的孩子会更加具有侵略性并更易对其他孩子使用暴力。研究显示，如果孩子受到过惩罚，那他会有百分之百的概率去攻击自己的弟弟或者妹妹，而如果孩子未曾受到来自家长的体罚，那么这个概率会是百分之二十。

我个人认为，要厘清“管教”作为名词与动词在词义上的不同，还有另外一个重要的原因：词义上的不同，清楚地解释了我们争议的重点在于我们该如何对待孩子（方式），而不是培养出怎样的孩子（结果）。当我们说希望孩子们无论在学校还是在家里都能够有秩序、能合作并且会替他人考虑时，多数人都会同意；但当论及是否管教（动词）才是最佳的方式时，就会产生较大的分歧。

教导与控制

作为动词，“管教”也有两种不同的含义。含义之一正如我们之前提到过的，是以控制为目的；含义之二是指导、教育与教学。词典上对其定义是："通过指令及练习的方式训练。"当"管教"所表达的意思是"教育"或"教学"时，在《罗德同义词》（*Rodale Synonym Finder*）一书中可以查到更多"管教"的同义词：

训练、指示、教学、辅导、熏陶、告知、启迪、教诲、奠基、准备、栽培、引导、培养、养育、指引

就这个词义而言，很少会有不同意见，很少会有人对家长们履行这样的职责有疑问。事实上，我们多数人认为给孩子们这些培训与指引，是一个有效能的父母和有能力的老师所应当承担的责任。没有人会希望这样的"管教"消失。

但是，当谈及以控制为目的的"管教"时，争论就会很激烈。首先，先将表达这个含义的"管教"的同义词列举如下：

控制、纠正、指挥、治理、监督、看管、统辖、管理、规定、调整、限制、检查、抑制、牵制、遏制、束缚、约束、钳制、统摄、支配、局限、强迫、强制、禁止、惩戒、谴责、教训、责难、批评、惩罚、矫正、处罚

显然，这与教导、训练及指点的方式不同。控制、强迫、统辖、钳制、统摄、矫正、惩罚这些字眼的出现，会马上让我们血压升高、声音变大，尤其是"惩罚"二字。

虽然有不少父母及老师会赞同这种管教孩子的方式，但我个人深信这种控制与惩罚的方式极为不妥。可是有些书籍甚至认为，孩子们不仅需要被这样管教而且他们本身也要求得到这样的管教——如果孩子们没有被这样管教，他们就会缺乏安全感，也不会感受到来自家长的爱。在后面的章节中，我会对大

家所秉持的这些认知进行探讨。

带有教导、训练与指点意义的管教，通常代表着要致力于“影响”孩子们；而带有控制、限制与惩罚意义的管教，则是要“控制”孩子，明晰这两者的不同至关重要。

虽然“影响”与“控制”的不同如此关键，可是大家却对此不甚了解。大多数的家长及老师都希望能带给年轻人积极正面的影响，而且希望这种影响能终其一生。可是我们如此心切，往往矫枉过正，走向另一个极端，采取了强制、命令、惩罚或者要挟的方式，而那些能真正影响孩子的做法却被我们遗忘了。这种控制型的方式并不会真正对年轻人产生影响力，只是强迫他们服从而已，即使孩子顺从你的意思去做，那也只是因为害怕受到惩罚的缘故。

要想对年轻人的生活产生深远的影响，大人必须放弃使用权威的方式，而是采用新的沟通方法，从而增强自己对孩子积极正面的影响力。这些新的方法会弱化孩子们抗拒改变的心理，能让孩子们对自己的行为负责，能使孩子们履行约定，也让孩子们学会为他人着想。

有一条大家知之甚少的心理学真理这样说道：当你放弃使用权力来控制年轻人，你就收获了对年轻人的影响力！反之亦然，越多地使用权力，意味着影响力的减弱。为何会如此？因为权威的方式会带来抗拒（拒绝大人的方式）、反叛（唱反调）或者撒谎。

他律与自律

接下来我们将会区别两种控制源极其不同的管教。一种是靠外在的、强制性的“他律”，另一种是内在的、自制性的“自律”。

大家都很熟悉“自律”这个词，但是它到底意味着什么？心理学家们常用的术语“心理控制源”可以来帮助大家理解。心理学家们发现有些人会倾向于感受发自内在的管控，这些人的“心理控制源”在其自我，而有些人的“心理控制源”在外界、在他人那里。

多数人都肯定“自律”的重要性。事实上，几乎所有人都非常重视孩子的自制、自控及自律。然而如何做才是培养孩子们这些优良品质的最好方式却引起了极大的争议。

许多家长及老师们认为，在大人使用“外在管教”方式的过程中，孩子们最终会自然发展出自律。这样的认识来自著名的弗洛伊德理论，弗洛伊德认为，孩子在长大的过程中会逐渐把早期的经验内化，由父母及其他大人给予的外在控制，会最终转化为孩子们的自控与自律。

然而，如今却出现了相当多的例证可以驳斥这个理论。我们也从日常生活中发现自律并不会经由这种方式形成。正如大家所熟知的谚语“山中无老虎，猴子称大王”，当大人转过身去，孩子们的自律会荡然无存。有时，孩子们正是从那些大人所禁止的事情上开始反叛。而那些既乖又顺从的“牧师的孩子”在其青春期时往往会开始反叛，并且不断制造麻烦。在父母权威下乖顺的孩子之后往往会成为反叛的青少年，开始激进地反抗所有来自大人的权威，毫无任何的自控和自律。

那些懂得自律的年轻人往往有着一定的自由。为何会如此？因为他们有机会为自己去决定与选择。大人对孩子的尊重恰恰让孩子们学会了如何尊重他人。当孩子们参与了规则的设定后，他们会与大人一起遵守这些规则。通过本书，我希望能让读者认识到“严格管教不会养出守规矩的孩子”，我也会与大家分享各种事例。虽然有时候严格管教能让孩子乖巧并且顺从，但是却无法培养出真正懂得自律的孩子。

对“规矩”的争议

对管教的探讨中还存在对另一个名词的误解，那就是“规矩”。所有的家长和老师们都认为孩子们在成长过程中需要一定的规矩，但是几乎无人知晓这些规矩该如何形成——如之前一样，问题在于形成规矩的方法。

“敢于管教”的支持者们主张“孩子们需要被规矩约束，并且他们本身也希望这种约束”，这只说对了一半。孩子们需要顾及他人感受，需要行为举止符合规矩。但是自己被强制约束，和在被尊重的前提下（参与到规则的设定）源自内在的自我约束，这之间有着天壤之别。在本书的后面章节中，大家可以更清晰地看到家长与老师该如何通过“参与性原则”与孩子一起解决问题，共同制定能长期遵守的规则。你会更加相信，如果孩子们有机会参与和自己行为相关的规则设定，那他们遵守规则的动力会大大提升。

所有的家庭和班级都需要设定明确并且被大家理解的规则与规矩。只要拥有机会，孩子们往往会积极主动地与家长及老师们一起来制定这些会指导他们行为的规则。孩子们无论在班里或者家里，他们都会在这些规则的指导下有效地管理自己，而无须大人的管制。你可以不用理会那些基于“敢于管教”理念的文章中提到的：如果没有通过大人权威所制定的规则，那孩子就会不守规矩，家里会混乱不堪。那样的说法并不正确。

事实上，当孩子们被给予机会参与设定规则时，大人往往会发现孩子们能够非常自觉并且严格遵守这些规则。问题的核心并不是家庭或者学校是否需要规则，而是谁来设定——是大人自己，还是大人与孩子一起。

该严还是该松？

我很怀疑这个世界上会有家长从未被这个话题折磨过。同样，老师们也并不明确到底该以何种方式出现在班级里——严格还是柔和，专制还是放任？

严还是不严？这是一个被不断讨论的问题——事实上，这是所有孩子们的养育者，包括家长、教育权威、老师们所需要回答的首要问题。这个话题在众多的文章和书籍中、在小型探讨会及大型会议中，都争论不断。（大家是否留意到，我们很少会听到家长或者老师承认自己是“专制者”或者“放任者”？可是，我们总是把这样的标签贴给我们并不认可的家长或者老师。）

严还是不严？这个问题被社会科学家们称为“假性问题（pseudo problem）”，这也是一个明显的“非此即彼考量（either-or thinking）”的案例。为什么这么说呢？我很少会碰到家长或老师能理解，在严厉与溺爱中做选择其实没有必要。极少的大人能意识到，在严厉与溺爱之外，还有另一种选择，这就是第三种方式。

这个如同馈赠的选择，既不是专制也不是放任，既不是严苛也不是放纵。这是否意味着有一种介于中间的方式——适当的专制或者适当的放任？非也，这个方式跳出了专制与放任的圈子。下文会详述。

专制型的领导力——无论是在家或者在教室——意味着大人领导者掌控一切。放任型的领导力则意味着孩子们被“允许”拥有这样的掌控权。

专制型的家长和老师管控孩子，放任型的家长和老师忍受孩子的管控（“孩子们在家里称王称霸”）。如年轻人们所知，在学校里，多数老师会管控一切并且要孩子严格执行。放任型的老师并不多见，这些老师放弃自己对班级的管控，结果可想而知，教室里通常会噪声不断、没有秩序、失控，毫无规则与纪律可言。

没有任何老师或家长愿意忍受这样的失控和放纵，而孩子们在这样的环境中也无法感受到自在。（我不会忘记我女儿上初中第一天回家后这样抱怨道：“这个学期太糟糕了，我碰上了两个专制的老师和两个什么都不管的老师。”）

多数的孩子也不会对这样的放纵感到舒服，这些孩子会为自己的行为感到内疚，那些不顾及他人的行为也使得这些放纵的孩子不那么受欢迎，因此他们也会质疑自己是否被爱。

本书的核心，是希望能介绍给家长们一种更为有效与轻松的方式来引导孩子——无论是专制型家长还是放任型家长，都可以使用的可行并且有效的方式。我很难给到它一个确切的名称（至今我也未能找到贴切的命名）。但是，我相信我识别到了这个方式中那些至关重要的要素，我也会在接下来的章节中阐释这些技巧与方法。

必须强调的是，这种新方式需要大人彻底转换自己对孩子的认知，从而才能改变对待孩子的方式。这样的转换并没有困难到无法实施，它需要的仅仅是家长们有想要学习这些方式与技巧的强烈意愿。

一旦家长和老师们充分理解这种方式——较之专制和放任都更为有效的方式，就无须再卷入关于严格还是宽松、严苛还是放纵的毫无意义的争论中。当家长们清晰地了解到，使用专制的方式维护自己的管制效果并不好后，就不会被那些倡导“严苛管教”的人所愚弄。同时，了解到放任方式的缺陷后，家长们也就不会被那些倡导“给孩子们无限自由”的人所引诱。

“权威”一词的多种意义

无论何时探讨管教，你都能料想到“权威”一词的出现，这使得意思本已含混不清的“管教”一词更加无法被清晰理解。“敢于管教”的倡导者们不断催促家长和老师们要“实施权威”，他们宣称那是孩子们想要的、孩子们对其有需求、权威会让孩子们幸福。他们为“权威的沦丧”而惋惜，他们期盼今日的孩子们能如同以前的孩子那样尊重权威。

严格管教的倡导者不敢想象失去大人管制的家庭与学校会是什么样子。杜布森如此表述自己的担心：“人际关系中会不可避免地出现混乱与无秩序。”

这些倡导者也特别强调家长或者老师们使用权威时要“有爱”“仁慈”。他们喜欢用“领导力”一词来表述“权威”，同时又不断强调慈爱的重要性。有意思的是，你不会听到他们宣扬家长和老师们要成为“权威主义者”。虽然“权威主义者”一词本身若使用为形容词时，意味着“倾向于权威”；若使用为名词时，意味着“严格的人”，可是却很少看到这个词被他们使用。

为了支持这个论调，严格管教的倡导者们会宣称孩子们会尊重权威、寻求权威、臣服于权威、依赖于权威。可是同时他们也非常担心年轻人会反抗父母与老师的管教，而且训斥今日的年轻人不尊重管理人的权威，这般言行的确让人费解（也可以看出权威未必会让人尊敬或服从）。我接触到的这些言论，都无法回答下面这个至关重要的问题：如果孩子真的喜欢、需要并且依赖大人的权威式管理，为何年轻人又普遍会对其有反抗心理，对权威人士的态度不友善并且无尊重可言？

权威（authority）的英文单词至少有四种解释，当这个词在文中出现时，读者们对其所表达的真实含义很难达成一致。权威的含义并不唯一，若对此不了解，就不可能对出现权威一词的文章有清楚的理解，也就无法进行深刻的探讨。下面，我来解释一下权威的四种含义。

1. 专家型权威

这类权威源自于专业——个人的知识、经验、培训、技巧、智慧及教育。比如，我们会说“他是公司法方面的权威”“这本书堪称分析内战历史的权威”“她的言论具有权威性”。这属于“赢得的权威”，可以称这类为E（专家）型权威（Authority E），其中E的含义是专业（expertise）。

在我家，专家型权威会时常出现。我的妻子和女儿经常会说服我换衬衫或裤子，或者都换掉，因为我之前的搭配不协调。通常我都会接受她们给我的建议。在异地，我也经常（不是一直）会指引妻子来开车，这是因为她认可我有较好的方向感，这是我曾经作为美国陆军航空队的飞行员所学习到的一种能力。

另外，我根据以往的经验知道她对于时间与事件的记忆力比我好，所以我会接受她诸如何时要去朋友家吃晚餐的建议，在她提醒我该回复信件、该为某人生日或者纪念日准备礼物时，我都会欣然接受。

2. 职位型权威

此类权威基于一个人的职位，或者彼此双方都理解并认同的职位描述，这样的职位描述界定了职责。机长拥有比机组成员及乘客更多的权力；会议主席拥有开始及结束会议的权力；警察拥有开罚单的权力；老师拥有让学生拿出拼音字典的权力；老板拥有让秘书进办公室拿走邮件的权力；邮递员有权收取邮递费；司机有权力告诫乘客系紧安全带。这样的权威可以称为J（职位）型权威（Authority J），J代表职位（job）。职位型权威有时也被称为指派性或者合法性权威。

职位型权威必定是“双方理解”并“认同”。人际关系中这种主导别人某些（非全部）行为的权力，不论是透过法令或双方的认同与支持，都必须获得相关人士的接纳。以我的秘书为例，如果我对她说：“请帮我泡一杯咖啡。”她也许不会按我说的做，因为这并不属于她的职责范围。此外，我也理解她非常反对这种在工作场合由女士为男士泡咖啡的旧习。

在我的家中，有很多的互动是基于职位型权威的。对于每个人负责的具体工作我们有长期的约定。在每周我负责晚餐的三个晚上，我的妻子和女儿需要第二杯牛奶或者蛋黄酱时，我都很乐意为她们送上。而我的女儿负责为家里的小狗洗澡及喂食，所以她也接受我对她的提醒：“你今晚还没有喂凯蒂”或者“凯蒂需要洗澡了”。此外，我们也都同意会由我来负责每周为家里采购食品，所以当女儿给我购物清单并提醒说“请不要购买果肉型果汁，只需要普通的美汁源”时，我不觉得有何不合理。

上面提到的这些职责，都是由相关的人共同探讨后一致同意的决定，通过达成共识的潜在力量影响着每个人的行为方式。这样解释后，大家就更能了解职位型权威为什么也被称为是“合法性”权威。

3. 契约型权威

第三种存在于人际关系中的权威源自人们在日常生活中形成的相互理解、协议及合约。例如，如果早晨我同意会在下午四点载女儿去汽车修理店取她的车，这个承诺就会对我有影响，我会在合适的时间离开办公室去接她。我们将此种形式的权威称为 C（契约）型权威（Authority C），C 代表契约（contracts）或者承诺（commitments）。

举一个常见的契约型权威例子：当我们已经告知家人会回家吃饭，可是又发现自己不能按时回家时，我们会给家里打电话。显然，我们这样做是为了避免让家人焦虑与担心。

在我家，也有一些多年来形成的未成文的约定，比如当我们要进入他人卧室之前会先敲门。这样的约定也会带给我们潜在的影响力，有时忘记了，被影响的人就会通过面质来强化这个契约，我们会说：“嘿，进来之前要记得敲门！”

我与妻子之间也有类似的契约，比如先起床的人会下楼准备咖啡、出门拿报纸，并且将咖啡和报纸带上楼，而晚起床的人则会负责收拾寝具。

此外，在我家里，还有另外一些契约：

我的妻子会负责家里的植物。

我会负责周日的早餐。

我的妻子会在看电视时使用沙发，而我则使用大椅子。

我的女儿为自己的作业负全责——做或者不做，并且可以决定何时何地去完成。

契约型权威来自个人承诺的潜在影响力。在之后的章节中，我会就契约型权威进行更深入的探讨，并且举例说明如何使用契约型权威影响孩子们。

4. 权力型权威

第四种权威源自一方拥有对别人的控制。我将其称为 P（权力）型权威（Authority P），P 代表权力（power）——控制、主导他人的意愿，让他人在不情愿的情况下也去行动。当我们谈及家长或者老师需要或者执行权威时，当我们希望孩子能够“尊重”大人的权威时，当我们谈到家庭及学校“权威的败落”时，当我们需要孩子们“遵从权威”时，或者当我们抱怨今天的孩子们总是会“反叛权威”时，这些权威均是权力型权威。当我们说到组织架构中的“权力阶层”时，也指的是权力型权威。

在之后的章节中，我会深入地解释大人是如何以奖惩之力实现控制孩子的权力型权威，为何它会经常失效。我也会指出权力型权威的破坏性。现在，我会将这四种都存在的权威类型的混淆之处逐步澄清。

我们先从 E 型权威开始。基于专业背景的权威非常重要并且对于人际关系不会带来伤害。包括孩子在内的许多人都会很尊敬这些专业人士——我们会从他们那里学习、会向他们咨询，也会听取他们的建议。当家长和老师们（敢于管教理念书籍的作者们）抱怨今日的孩子们不再尊重权威时，他们想到的是权力型权威。他们实际上是在抱怨孩子们不再服从于大人——不听大人们的话，不按照大人们所说的去做。

而就我对E型权威的观察，孩子们的确会尊重这些在某些领域有经验的人。事实上，他们经常会过高地估计大人们这方面的权威。尤其是对于年幼的孩子，在他们眼中，父母似乎知道一切。他们也很敬畏医生、老师、教练、木匠们的知识与技能。

那么孩子们对于J型权威是如何尊重的呢？我相信他们通常都会尊重这种基于责任与职位的权威。当老师们要求孩子们遵守班级秩序时，多数孩子都会尊重这个要求；学生也会把布置作业看作是老师们的职责之一。当大人开车时让孩子们系好安全带，多数孩子们也都会听取，认为这是司机的权力，就像是飞机经过气流时，机长有权力要求全体乘客系好安全带。当大人说道:“站好，唱国歌。”孩子们也会站好。在我家里，我们这些孩子们（以及父亲）都会尊重母亲作为家中主厨所拥有的职位型权威。我们很少会不听她的如下一些命令:“吃饭了，晚饭做好了”“把盘子拿进来”“趁热吃”“给明天的三明治留一些肉”“把桌子上的盘子清理干净”，等等。

那么孩子们尊重权力型权威吗？我不认为他们总会如此。那些强势并且通过权力强迫我的老师，我并不尊重他们。我也没有听说有年轻人会尊重那些一直使用权威或威胁说要使用权威的大人。孩子，如同大人，尽管会害怕这些使用权威的人，但并不会尊重他们。不然，为何会报复、会抵制、会对他们撒谎、会希望不成为他们那样的人？我想大多数的大人从自己的人生经验中也能对此有一些感知。

在一次演讲结束后，家长们提出了这样的问题：“你希望家长和老师们不要使用权威，但是他们不也肩负着责任，将自己的价值观与信仰教授孩子？他们有这样的责任将自己的是非观与智慧传递给孩子。”通过这个问题可以看出我们混淆了两种意义的权威：权力型权威与专家型权威。我希望家长和老师们可以不再使用权力型权威，同时我也提倡大人应当在恰当的场合去与孩子们分享自己的专家型权威。事实上，如同我之前所提到的，孩子们经常会从大人那里寻求建议、判断以及观点，他们对于家长及老师们的价值观和信仰都极其关注。

换一种说法：在我们的亲子关系中，若在专业性上体现出自己的权威，那么对双方的关系几乎不会造成伤害，可是若使用权力体现出权威，那一定会带来伤害。

“敢于管教”的宣扬者们在维护家长们“有责任使用基于权力的权威”时，通常不将所使用的名词界定清楚（或许有着目的性）。在杜布森《有意志力的孩子》一书中，杜布森提出一个观点：“孩子们应当在所有事情上都服从自己的父母，这才会让上帝满意。”

他引用了《圣经》中的内容（《以弗所书 6：4》）来支持管教，但是他建议的恰是另外一种类型的权威——专家型权威：“你们作父亲的，不要激怒儿女，却要照着主的教训和劝戒，养育他们。”

这些建议和忠告很显然是指通过分享自己的经验、智慧和知识来影响他人——这正是专家型权威，与通过使用权力来控制他人的权力型权威有着明显的不同。

在之后的章节中，我将会解释何时及如何来更有效地使用专家型权威、职位型权威以及契约型权威。现在先来说明本书的重点：通过上述三种权威来影响孩子，不仅有效而且具有建设性；相反，如若通过权力型权威来管教孩子，效果则不佳。“影响”与“控制”两者之间的差异必须分辨清楚，我将在后面做详细的说明。

神话——“慈爱的权威”

“敢于管教”的倡导者们常会将权力型权威与慈爱或仁慈相提并论，这又加深了大家对于“权威”与“管教”两个概念的混淆。他们告诉家长和老师，只要能在使用时保证公正、明智、慈爱、公平并且“从孩子的利益出发”，惩罚性的管教方式是可行的。他们认为，只要能做到“严格并且公正”，严苛但是“出发点是爱”，专制但是“慈爱”，掌控并不“独裁”，处罚并不“严酷”，只要能做到这些，就是稳妥的。

家长和教师通常毫无疑义地接受这样的观点，因为它符合那些想要惩罚孩子的家长及老师的理念。这些家长与老师们想通过权力来控制孩子，但是也希望能为自己辩护——他们的内疚需要平复，他们想让其他人知道自己这样做是出于爱，是为了孩子。

那是否存在慈爱的权力型权威呢？从权威支持者的角度来看，答案是肯定的。在他们看来，他们带着慈爱并且为孩子着想。但是，当被问及：“这样基于权力的管教真的是为了孩子们的利益吗？孩子们是否能感到这种方式带给他们的利益？”

我的答案是："不会，绝对不会。"在本书的第五章，我将描述孩子们如何挑战权力型权威，并试图逃脱权力型权威的控制，这将证实我的观点。我坚信孩子们不会从惩罚性的管教中感受到慈爱，也并不会感到"这是为了他们好"。

儿童心理学家、报纸专栏作者约翰·罗斯蒙特所著的《父母权力》一书，是我所见到的用词最不明确，而且定义最不恰当的例子之一。作者先公然主张家长应当成为"慈爱的专权者"，坚持孩子必须顺从父母，接着又解释了自己的立场。现在，读者们已经了解这四种权威的主要差别，可以试试看是否能从下文（摘自罗斯蒙特著作）找到那些定义模糊的地方：

慈爱的专制者们是温和的权威者，他们知道这样的权威是孩子安全的基础。他们以自然的权威来规范，他们知道什么是孩子最需要的，他们也不会以指使孩子为乐。他们将管理孩子视为己任……他们不需要让孩子"害怕"来影响孩子，他们是权威但并不独裁……他们限制孩子的自由，但是他们不会做暴君……只要孩子们仍然依赖大人，就绝对不能把孩子的生活完全交给他们自己。孩子因为顺从才懂得尊重自己的父母。父母则正是通过要求孩子顺从来尊重孩子。学习顺从会增强孩子的独立性……害怕父母的孩子并不会顺从父母，他们只是屈服。能顺从的孩子则不会害怕。

在接下来的章节中，我希望可以让"权威"这已经被搅浑的水能再次清澈，也希望能帮助有心的家长和老师不再被那模糊不清的说法误导。

2

第二章 传统的奖惩方式

· 管控者的权力从何而来？·

· 奖励如何起作用 ·

· 惩罚如何起作用 ·

· 使用奖惩的条件 ·

· 外在控制 VS. 内在控制 ·

在之前的章节中我们提到了“管教”的同义词，如管制、看管、约束、钳制、禁止、处罚等。每个词都有一些控制的含义，每一个词都暗示着要使用权力。在许多大人看来，“管教”孩子是用一种委婉的方式来表达自己有权力“管控”孩子。接下来，我们来探究这种基于权力的管教是如何实现的。

管控者的目的是将自己置于可以控制其他受控者的地位，在这个位置上，他可以掌控并且强制他人。一个管控者的意愿自然是受控者可以用跟随、服从、驯服的方式来回应他——也就是顺从的委婉说法。管控者期冀那些被他控制的人永远可以顺从他。

在杜布森《有意志力的孩子》一书中，有一段生动的描写：

> 孩子们首先通过学习听从家长（而不是与家长讨价还价）来习得如何服从上帝……通过学习听从于家长，孩子们学会了如何听命于之后会出现在他们生命之中的其他权威……如老师、校长、警察、邻居及单位的领导。

在这段文字中，杜布森使用了听从、听命等词，而这些词显然是服从的同义词。对杜布森而言，在家中训练孩子学会服从，恰恰是在让孩子做好准备，服从于之后会在他们生命中出现的任何来自成人的权威，甚至是服从自己的邻居。

同时，也务必记得，这样的管教要求的是去迎合管控者的价值取向。管控者会替受控者决定目标及结果。管控者们会从自己的角度去判断哪些会对孩子有益。我们从小到大会经常听到：“等你长大了，你会谢谢我”或者“我这么做是为了你好”。事实上，多数的管控者——家长、老师、老板、宗教领袖，还有独裁者——都会试图用这样的逻辑为自己辩护。

当然，有许多的管控者，也的确认为自己清楚什么是最好的，因为他们更为年长、更有智慧、更有经验、接受过更好的培训等等。而且，许多秉持“敢于管教”理念的人也从《圣经》的一些章节中寻找证据来坚定自己的信念——“《圣经》如此说，所以我相信。”杜布森的逻辑正是如此。

同时也有另一种可能，管控者们在考虑结果时将自己看作是第一受益人，比如当老师决定将那些影响课堂纪律的孩子赶出教室时，是由于他们会影响到老师讲课。管控者们经常欺骗自己说这是为了孩子们好，而实际上只是为了满足自己的需求。根据我的观察，年轻人很难将这样的管控看作是对自己有益的。

管控者的权力从何而来？

现在我们试着来分析一下，看看管控者究竟是从哪里获得管控他人的权力的。为何他们可以频频成功？这样的权力究竟来自何处？大家可能对此多少有所了解，管控者们的权力来自“胡萝卜与大棒”——奖励与惩罚。

拥有奖赏的权力可以满足被管控者的需求——这是管控者权力的来源之一。幼儿很饿时，他们依赖我们来满足对食物的需求，这就让我们具有了奖赏的权力。我可以以此来让孩子乖乖地去准备餐桌，比如：“吉米，快把餐桌收拾好，然后就可以坐下来吃你的晚餐。”或者，当女儿非常想要一条裙子时，我就可以这样说：“如果这周你每天都能打扫你的房间，那么我就给你买裙子的钱。”通过承诺满足孩子的需求并以此控制孩子，就是“奖励”。

另外一种权力的实施是通过剥夺孩子的权利，或让孩子痛苦及不适来达到管控者的目的。如果我想让儿子吃掉他的蔬菜，我可以这样威胁他："如果你不吃掉你的蔬菜，那么你就一直待在桌子这，不能看电视。"这种控制是剥夺掉孩子想要的东西，自然有"惩罚"的味道。

奖惩——正是控制者控制、独裁者独裁、管教者管教的权力的终极来源。

图 2-1 解释了大人控制青少年及孩子的权力来源：奖励（++）和惩罚（--），也就是胡萝卜和大棒。其中 P 代表权力。在图中，半径相差悬殊的圆强调了亲子关系中悬殊的权力对比——也就是，比起孩子针对大人使用奖励和惩罚，大人更擅长并更具能力使用这种方式。当然，随着孩子步入青春期，这种方式的作用力会逐渐弱化。

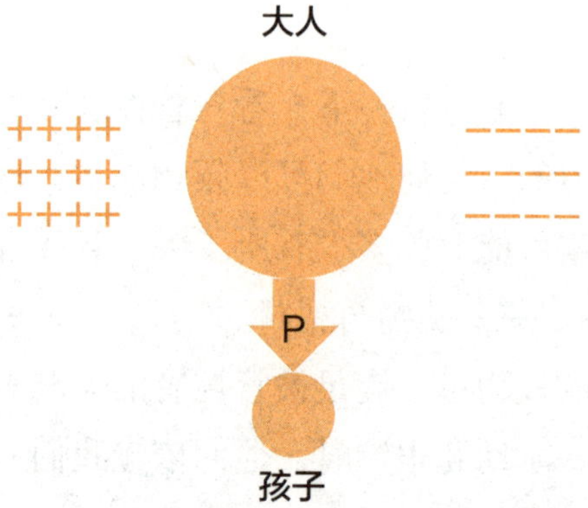

图 2-1　大人与孩子的权力对比

孩子年龄越小，需要从大人那里得到的东西就越多：食物、衣服、饮料、玩具、图画书、光盘、钱、糖果、口香糖，还有让孩子感觉愉悦的行为——比如唱歌或者讲故事、一起玩耍、推他们的小车、背他们、拥抱或者亲吻。

因此，很显然，家长与老师拥有很多潜在的奖励和惩罚方式。那他们是如何使用的？我将在下面进行详细分析。

奖励如何起作用

奖励如要起作用，需要满足下面的三个条件：

（1）被控制的人对于某些事物的需求程度足以让其愿意付出服从（按照控制者的要求行事）的代价。

（2）控制者给予的奖励满足了受控者的一些需求。

（3）受控者需要依靠控制者才能满足这些需求（也就是说，受控者本身的能力不足以满足其自身的一些需求）。

控制者的奖励方式有两种：

（1）承诺奖励——他们承诺如果受控者按照他们所说的做就会得到奖励。

（2）事后奖励——如果受控者做出让控制者们满意的事情，控制者将给予奖励。

承诺奖励如：你希望孩子去睡觉，于是你说“如果你现在乖乖去睡觉，我就给你讲个故事”。

事后奖励如：老师希望孩子们不要四处跑，而是待在自己的座位上，当他看到有孩子在自己座位上时，他微笑着对这个孩子说：“你一直坐在自己的座位上，真是个乖孩子。”

通过奖励来控制孩子的方式有许多名称：行为修正、行为调整、有效调整、正面强化、行为工程、行为管理。（有些术语，比如行为修正与行为调整，也有“通过惩罚控制孩子”的含义）无论如何命名，这些方法的共性均是通过奖励孩子的某些行为，从而控制孩子让其按照大人的想法行事。利用奖励来“修正”孩子行为的原理很明确并且施行结果有效：获得奖励的行为会重复出现。

奖励听起来充满善意——不管怎样，受控者在这个过程中不是也感受到了满意与愉悦吗？奖励也的确能起到效果，在许多不同场合，包括学校、医院以及各种幼儿看护机构，奖励都成功地改变了那些自闭症孩子、精神分裂症孩子以及有身心障碍的孩子们的某些“不被接纳行为”。

但是，在接下来的章节中我会详尽地解释为何这样的方式有严重的局限性以及为何会失效。我想先强调，这种以刻意安排及奖励的方式来改变孩子行为的做法，看起来合乎逻辑，但是若要真正达到效果，并不易。为了改变某些偏差行为，比如尿床或者打人，通常需要采取一系列费时费力的步骤；除此之外，控制者必须对这些操作步骤有足够的了解，包括正确的奖励方式及如何维持前后一致等。最后要提的一点是，许多家长或老师都发现，以奖励的方式管理孩子也会带来相当恶劣的负面影响，对于这一点，我会在后面的篇章里进一步说明。正因为有上述所提的这些问题，这类做法并不可靠，而且会带来伤害，在第三章里我会做进一步的说明。

惩罚如何起作用

如同奖励，通过惩罚有效地控制孩子的行为也需要满足一些条件：

（1）惩罚的方式的确会让被控制者有被剥夺感，会感到自己不受欢迎、被拒绝——这种感受是被控制者所不喜欢的（为了不产生这种感受，被控制者愿意放弃自己的需求)。

(2)惩罚带给被控制者的冲击足以让其放弃需求。

(3)由于依赖控制者或者需要控制者提供的必需品，被控制者无法逃离被惩罚的环境或无法解除与控制者的关系。

控制者也有两种惩罚的方式。第一种是威胁，即大人威胁孩子说，如果孩子不改变其行为的话会受到惩罚，比如："马上停止，不然我打断你的腿。"第二种是惩罚，即大人在孩子的"不可接纳行为"出现之后，惩罚孩子，比如："你居然不听我的，自己骑车去公园，下周不许再骑自行车。"

这样通过威胁，或者使用让人不愉悦甚至痛苦的手段来控制他人的方式，也有另外一些称谓：行为修正、反制约、抑制训练、行为管理、管教。

通过惩罚实施控制的基本原理是：被控制者不再有那些会招致惩罚的行为。

但是，这样的因果关系并不是线性的，也并不如此简单。在第四章中，我会解释其复杂性以及实施所需条件，正是这复杂性及其所需条件让惩罚与奖励一样很难实施。有些因素与惩罚的时效有关（在不可接纳行为出现之后立即惩罚）、有些因素与惩罚的程度有关（如果惩罚的力度不够，会失效；如果惩罚的力度太大，孩子则会逃离）。最后，通过惩罚的方式来控制孩子会带来很严重的副作用，不仅仅会严重损害亲子关系，还会给孩子的身心都带来伤害。

使用奖惩的条件

要想通过奖惩的方式控制孩子，控制者就需要恰好具备相应的“武器”——或是能满足孩子需求的“武器”，或是可以让孩子的需求得不到满足的“武器”——也就是说，控制者要通过外在的调控来满足或者剥夺孩子的需求。这也恰恰说明控制者拥有绝对的权威，明显地占据上风。当然，在这个关系中，双方并不平等。

更重要的是，是控制者来判断被控制者的行为，决定被控制者的行为是否能被接纳，由控制者决定哪些行为需要通过奖励强化，以及哪些行为需要通过惩罚来杜绝。有时也有例外的情形，比如双方都同意执行某种行为所对应的赏罚及方式。可是家长及老师们多是单方面来决定孩子的行为是否可以被接纳，并施以奖惩。

这样的控制想要持续下去，显然孩子必须一直依附于家长——或是依赖控制者提供的奖赏，或是害怕控制者会实施的惩罚。孩子也必须一直处于这样的关系中——孩子无法独立获取从控制者那里得到的事物，也无法逃离控制者让人恐惧的惩罚。

反过来说，若是妈妈一直通过奖励糖果或者食物的方式让孩子做作业或者做家务，那么如果孩子自己能够得到糖果或者食物时，妈妈就会失去对孩子的控制。当孩子逐渐长大，当他们可以自己挣钱来给自己买零食，家长们就会失去权力。

同样，惯于使用体罚的父亲也会在孩子逐渐长大而无法再对孩子施以体罚时，渐渐减弱甚至失去对儿子的威慑力。在所有的家庭和学校中，这种情况都是普遍的。当孩子们逐渐长大并且强壮，当他们渐渐发现可以逃脱大人惩罚的方法时，家长与老师就会失去自己的权力——尽管他们用尽了那些极为严苛的惩罚方式试图控制孩子。

我听过很多父母这样说：“我的孩子以前是个非常好的孩

子，现在长大了，我管不住了。”他们发现自己失去了控制孩子的权力。由于他们从未了解如何去影响孩子，在孩子长大的同时，他们陷入了无力的状态。之后，我会详尽地解释控制孩子与影响孩子之间的关键性差异。现在先让我们来讨论一下，为何在当孩子长大时，家长与老师会逐渐失去了权力，这是由于：你无法控制一个不需要依赖你的人，你也无法控制一个和你没有关系的人。

在许多人际关系中都可以找寻到“施行控制的条件”的踪影。如旧式的奴隶主与奴隶的关系，甚至在《解放黑人奴隶宣言》正式宣布奴隶自由后，这种关系依旧在历史上存在了很长一段时间。甚至在工业革命工会产生之前，雇主与雇员的关系亦是如此。此外，也正如大家所体验到的，学生们由于需要依靠老师评分，也就惧怕来自老师的权威。但是，当雇员从工会那里得到力量，当学生逐渐长大，控制者的权力也将逐渐瓦解。

对女性而言，婚姻关系中也是如此。在过去，妻子们在经济上需要依赖丈夫，她们不敢冒犯丈夫的权力，而要与丈夫离婚也绝非易事，许多妇女就这样一直处于被控制的地位。

邪教徒们被其邪教领袖所控制，独裁者们也控制着民众。这两者均产生于被控制者对控制者极强的依赖以及对可怕的惩罚的恐惧，并且这种依赖和恐惧也严格地控制着被控制者，使其无法离开这个组织。

但是，这种基于不平等权力的人际关系是短暂的，并且不稳定，因为其中隐藏的反抗力量会削弱控制者的权力。最初产生的反抗力量会在控制者的镇压下隐藏起来，但并非消亡，它只是悄悄生长并最终爆发。作家玛丽莲·弗兰奇如此形容：“专制的人不断被围攻……虽然权力的追寻者们也可能希望自己有一天能真正地、好好地休息，但是除非他的权力被取代或者是他离开人世，否则那一天是不可能来临的。”

我们也看到，如果家长想要通过使用权力来改变孩子、或是家长想按照自己的想法塑造孩子的形象时，往往会招致青春期孩子的反抗。当孩子们被强迫按照大人的是非观做事时，同样也会出现反抗。每当这样的反抗出现时，家长们就会困惑为何自己失去了管控孩子的能力。

外在控制 VS. 内在控制

让我们更深入地来看待亲子关系中的两种控制方式——外在控制与内在控制，即来自大人的管制及来自自我的约束。来自家长与老师的奖励即是通过奖励的方式从外在控制孩子；提升孩子自身的能力，从而让孩子独立找寻到属于自己的愉悦（内在的奖励），则是发展他们的内在控制。

同样，使用惩罚的家长和老师也是在使用外在控制。使用外在控制会让孩子避免去经历那些不愉快的影响，失去了学会内在控制的机会。我们的社会给年轻人的外在控制太多，而孩子们的内在控制却不断被削弱。我们过分强调通过纪律来管教孩子，可是却忽视了发展孩子们的自律。在第十章，我将会分析大人为何万分不情愿放弃外在的控制。

据我所知，P.E.T. 与 T.E.T.（Teacher Effectiveness Training，教师效能训练）是唯一一种将奖惩弃之不用的与孩子相处的方式。毫无例外，其他养育及教育类书籍以及培训项目均鼓励使用奖励，包括表扬，还有一些会强烈赞成打孩子或者其他体罚方式。有些仅仅对体罚的频率或是就残酷的体罚方式给予警告，另有一些具有影响力的作家及培训项目会提倡进行非体罚式的惩罚，他们并不使用惩罚这个字眼，而是使用更委婉、更人性化的命名。

“行为学家”或者“行为心理学家”们将其命名为厌恶疗法（aversive conditioning）或免疫训练（avoidance training）。另外还有人数更多的一派，他们教会家长使用“自然或逻辑后果”。这个在育儿书籍中根深蒂固的观念，一直被阿德勒学派和德雷克斯学派所推崇（阿尔弗雷德·阿德勒，心理分析师；鲁道夫·德雷克斯，两本名著《孩子：挑战》及《养育的挑战》的作者）。

德雷克斯的育儿理念似乎非常完善，但是其中外在控制理论的部分却不尽合理。

在这个体系中有一个核心的概念，“后果”（早期，德雷克斯将其称为“偶然事件”）。德雷克斯告诫家长及老师：孩子们应当承受由自己的“不当行为”带来的后果。这样的后果是自然而然出现的，而不是刻意由大人安排，他将其定义为“自然后果”。比如，孩子若是由于忘记自己系鞋带摔倒，膝盖的皮肤被蹭破。那她所受到的疼痛（惩罚）就是自然后果，德雷克斯也警告家长不要减轻孩子该受到的惩罚，否则孩子还是有可能忘记系鞋带。承受这样的自然后果所带来的疼痛对于许多孩子来说也是被惩罚，因为它是要让孩子去改变自己的某个特定行为（不系鞋带）。就这个例子而言，你可能会认为这是自然而然的，很难说是完全的惩罚。

显然，这是很多孩子们获得他们人生中宝贵经验的一种方式。通过这些教训，他们发展了自我控制（“我最好系上鞋带，不然下次还要摔跤”），这的确没有错。另外，虽然孩子在这个过程中有轻微的受伤，但这个伤势显然不足以影响到亲子关系。

除此之外，德雷克斯也明确地认为应当有“逻辑后果”。他对“逻辑后果”的解释是：由成人特意设计并实施，与自然的发生所不同。德雷克斯举例说：孩子吃晚餐时晚到了，那家长就让孩子饿着肚子去睡觉，这就是孩子所应当承担的逻辑后果。

德雷克斯所指的“逻辑后果”仅仅是一种委婉的“惩罚”。孩子的行为有所不当，家长就决定为此而惩罚孩子。不过在这里用到的说法是让孩子承担其逻辑后果（饿着肚子睡觉），这样可以让家长在惩罚孩子时不再受到良心的谴责。德雷克斯并不愿意在他的育儿理论体系中放弃使用惩罚，所以他将其命名为“逻辑后果”。

大部分父母培训课程中都认为家长应该主导奖惩的运作，比如许多广为人知的课程：正面养育（Positive Parenting）、父母效能系统训练（Systematic Training for Effective Parenting，STEP），以及以视频为授课方式的积极养育（Active Parenting）课程体系。尽管所有这些课程都从 P.E.T. 中借用了相当多的概念，包括所有关键的沟通及冲突解决技巧，但是由于这些课程中都倡导惩罚，这就使其与 P.E.T. 有了根本性的不同。

晚饭时迟到了，结果孩子要饿着肚子睡觉，我个人认为这毫无“逻辑”可言。在我家，后果（对我来说是自然而然的）可能是我女儿要吃冷食、或者用微波炉加热、或者需要自己做个三明治等等。但绝不会是饿着肚子去睡觉！不仅仅因为其不合逻辑，也因为那完全是想要通过惩罚控制孩子。也正因如此，在 P.E.T. 和 T.E.T. 中，逻辑后果的概念绝不会有立足之地，因为那只是惩罚性外在控制的另一种说法而已。

再做最后一点说明。我相信许多在书里为惩罚辩护，并且试图让其听起来合理的亲子专家们，内心也不赞同惩罚孩子。他们会警告家长不要过重且频繁地惩罚孩子，也不应该在盛怒之下惩罚孩子。从这些警告中我们可以看出，他们对惩罚也并不是毫无保留地赞同。

但是心理学家知道（一些育儿书籍的作者们也可能知道），若想让惩罚发挥作用，那么必须让孩子感到足够的压力及痛苦。而对惩罚做过深度实验的研究者们告诉我们，惩罚不仅要频繁而且要有一定的强度。里斯里和贝尔用较为学术的语言如此描述：

惩罚，如若中断就会带来（行为）反弹。如果惩罚的强度足够（造成痛苦），反弹就会被推迟甚至不再出现。

家长和老师们从这些作者那里接收到这些差劲的建议——不反对在家里或学校使用惩罚。这些作者首先会坚定地告诉读者使用惩罚性管教的必要性，然后又告诉读者如果惩罚力度不够、频率不够或者不够坚定，那就会效果甚微。

之后，这些作者又要求家长和老师们完成不可能的任务："生气时不要惩罚孩子。"这就像是要求家长们在生气时先等等，等气消了再来惩罚孩子，否则惩罚会太严重。但是这样的说法又与众多的研究结果相左。一些研究表明，若要使惩罚有效，那惩罚必须是在不可接纳行为之后即时进行，并且要有一定的强度。

这种情况下，我想只有那些经过严格训练的专家才能拿捏到位。如果你需要更多的资料，我推荐大家读克朗波兹的《改变孩子的行为》。

在第三章中，我会更详尽地解释为何奖励无法有效地帮助家长和老师控制孩子。在之后的第四章中，我会指出惩罚方式的不足之处及其可能出现的危险。

P.E.T.

PARENT EFFECTIVENESS TRAINING

3

第三章
为何要放弃使用奖励?

· 奖励所需的技术 ·

· 使用奖励会遇到的困难 ·

· 进一步分析表扬 ·

· 比表扬更好的肯定方式 ·

以奖励的方式控制孩子的行为是非常普遍的现象，并且很少有人会怀疑这种方式的有效性。几乎在每个学校的每个班级里，老师们花尽心思设计的学生管理体系中都会使用奖赏：小星星、成绩排名、品行记录表、自由时间、优先座位、帮助老师的机会、展览作品的机会等。许多老师都会本能地表扬孩子："你画的花真好看""你的本子干净整洁""你们今天都是好孩子"。

家长们也同样会经常使用奖励，尤其是对小孩子。做家务后给他们零用钱，吃蔬菜后给他们甜点，刷牙了就贴个小星星，答应孩子们如果按时完成作业就会送礼物。当然，也免不了那随口就来的口头表扬："今天帮妈妈摆桌椅，真是个好孩子""我要告诉爸爸你今天有多乖""你今天把院子整得太棒了"。

家长和老师们如此频繁地使用奖励，认为这是让孩子听从大人的有效方式。但果真如此吗？我个人持反对意见：虽然有很多的家长和老师们频繁地使用奖励方式，但仍然经常得不到预期的效果，这证明它并不是有效方式。否则，为何我们还会埋怨班级的管理很差劲？为何许多家长们在应对孩子的"坏行为"时依旧倍感无力？在我看来，家长和老师们的各种奖励方式都是失败的。这背后有很多原因。

奖励所需的技术

为什么采取奖励方式经常得不到预期的效果？部分原因是施行这样的方式需要很高的技术，这些技术很难掌握。通过安排相应的后果来调整孩子的行为，这样的奖励方式是一门学科，只有少数的专家充分理解其中的奥妙。他们中的大多数人都拥有心理学博士学位并且受过多年的培训，进而可以在实验室里针对人及动物的行为进行过程严谨的改善实验。

这些专家们的实验证明，如果不是在行为之后立即给予奖励，那么奖励不会起作用。（比如，必须要在狗听指令翻滚后立即给它饼干，不然它下次不会照着做）行为工程师们在弱化奖励时也需要按照系统化的流程来操作。最初，每次符合要求的行为一出现就奖励，之后开始间歇地奖励。此外，必须精心地设计实验，要选择那些真的能满足被控制者需求的奖励。在实验过程中，专家们对符合要求的行为出现的频率做详细记录，从而可以确认被控制者的行为是否发生了变化。并且，控制者要确定自己没有对不符合要求的行为给予不必要的奖励，比如孩子通过某些不符合要求的行为博取了老师的关注（关注对孩子来说是一种奖励）。对于一个接受过最好训练，一切尽在掌握中的实践者来说，通过奖励调整行为也极其耗时——有时仅仅只是让孩子掌握一个简单的行为方式（比如去厕所而不弄脏裤子）也需要耗费几个月的时间。

若是难以理解行为调整过程中的复杂性和时耗性，可以阅读一下洛根·莱特博士的《家长权力》一书。洛根·莱特博士本人坚定地认为应当通过奖惩控制孩子，他曾担任俄克拉荷马州大学医学院的小儿心理学系主任十年。书中开头的两句是：

> 对多数家长来说，若想让每日的生活正常就需要持续使用控制。而紧抓控制的重要原因是：在你真正能支持并爱他之前，你先要能够控制他。

之后，莱特博士描述了让一个害羞的孩子也能学会开门迎客的正确实施方式：

首先要问自己：不怕羞到底是什么样的？然后将其设定为你的目标。想想你希望孩子能自在地做什么？这至关重要，否则你都不清楚你要奖励什么。好，现在你决定了：这个年龄段的孩子，当他开门后看到的是陌生人，那他应当先介绍自己，然后询问对方的姓名，然后与客人一起等他要拜访的人回来。接下来要确定，在这个过程中有哪些步骤是孩子已经可以毫无压力地做到的。假设现在这个孩子能做到的是远远地看着他人应门。那么接下来就是去奖励他可以在更近一点的距离看他人应门这样一个行为。家长常犯的一个错误就是缺乏耐心，催促着孩子走到门前甚至让他们参与整个过程中。这或许可以达到目的，但是却以不顾及孩子的感受为代价。有时这会让事情更糟糕，孩子会离得更远，他有可能在有人来时躲到门后去。有点耐心并且谨记只要你奖励了孩子的进步，孩子就会有更多改进。在这个例子中，孩子靠近一些，你就奖励他，不去要求他再往前一些，而是奖励他的进步。（如果碰巧，你最近的访客较多，那这个过程会被加速；如果一个月只有一次机会，那就有些遥遥无期了）就这样过段时间，孩子会愿意与你或者其他家人一起来欢迎到访的客人了。你的问题解决了。

从这段描述我们可以看出，就算是针对一个简单的行为，其改善过程也是如此复杂并耗时。很难想象家长们可以使用这样的方法去让孩子们养成那许许多多的行为规范：按时睡觉、归位玩具、收拾房间、捡起衣服、不欺负弟弟、注重餐桌礼仪、每天刷牙、喂养宠物、按时起床、打电话告诉父母自己在哪里等等。而且，无法想象一个老师可以依靠这种方式来调教班上三十多个孩子。

由于这种办法既复杂又耗时，而且要满足许多精细的条件，我相信无论对于家长还是老师，通过奖励来控制孩子的可操作性很小。专家们通过这种方式获得了许多成功：发育迟缓的孩子学会走路、患自闭症的孩子学着敞开自己、有精神分裂倾向的孩子开始说话等等。但是，由于这种方法的复杂性和时耗性，我们不能预期家长和老师们也能获得同样的效果。

当然，有人对此持反对意见，比如莱特博士等。他们撰写书籍想要教会家长使用这种方式来调整孩子的行为。尽管这些书很容易读懂，并且大家也可以理解原理，但是我非常怀疑家长或老师们能找到时间，并且有这样的耐心去有效地使用这种方式。如同一场手术，行为调整也是一个技术含量极高的过程，需要老师或家长接受过特别的训练、需要针对一个（最多少数几个）孩子、在类似实验室环境中，并且对过程进行严格控制。通常，只有在其他更为简单的方式尝试无效或者失败时才会启用。

使用奖励会遇到的困难

在家长或老师们尝试通过奖励控制孩子时，往往会遭遇一些很麻烦的问题。于是，有人会放弃奖励，转而使用惩罚。读者们可以从下文中看到由于使用奖励所引发的问题。

1. 奖励失效

大家是否记得，我们的爸爸妈妈会在圣诞节之前的几个月就开始说："如果你是个乖孩子，圣诞老人就会给你许多你想要的礼物。"对多数孩子来讲，不可能在几个月里都表现得好好的。而且，这个奖励还那么遥远（几个月后兑现），当然其效力也就会减弱。在我很小的时候，我的父亲曾经答应我，如果我一直到 21 岁都不抽烟，就可以得到一块金表。这完全无法阻止我抽烟，对那时的我来讲，金表并没有什么吸引力，而且还要等那么久。

谨记：如果奖励不是即时的，效力就会减弱。

2. 不可接纳行为被奖励

当我上小学时，为了让我成为班里的好孩子，有几个老师尝试了各种奖励的方式。可是，我扮小丑也获得了同学们的笑声与掌声（以及完全的关注），这也是一种奖励，这种奖励更强化了我的行为——那些老师不接纳的行为。结果，这些行为非但没有减少，反而一直持续到我上高年级。

谨记：对于孩子的不可接纳行为是否会从他人那里获得奖励，你无法控制。

3. 孩子自己就能获得奖励

当孩子通过自己就能得到足够的奖励时，奖励就会失效。随着孩子渐渐长大，他们会越来越不需要依赖家长及老师来满足自己的需求。当孩子很小无法赚钱也无法自己骑车去电影院时，“如果你这周每天练琴，周末我就带你去看电影”的方法就会奏效。但是对于自己可以挣钱、自己有零花钱可以独立去电影院的孩子来说，看电影已经不能成为家长控制他们的武器了。我在 9 岁左右时就会割草或者摘草莓赚些零花钱，而且我和自己的朋友会经常骑自行车去附近电影院。

谨记：只有那些孩子依靠自己无法获得的物品才能成为奖励。

4. 获得奖励的可能性不大

通过奖励调整行为往往会由于当事人要付出的代价太大而

失败。以评分为例，根据目前使用的评分系统，近一半的孩子会得到平均分以下的成绩，也就意味着，孩子们（教育者们）也明白获得 A 和 B 的概率不高，于是许多学生的做法是：既然老师会将前几名的位置留给班上天资聪慧的学生，那么跻身前列的概率就会很低，那就干脆放弃得 A。

谨记：能触碰得到的奖励才会有用。

5. 可接纳行为没有被奖励

让家长们一直围在孩子旁边，并且一直留意孩子，在孩子做出可接纳行为后立即负责任地给予奖赏，这几乎不可能。事实上，由于家长会忙于自己的事并且孩子们也不是一直在家，所以孩子的很多行为并不会被家长看到，也就是说并不是每次家长都能在可接纳行为出现后给予孩子奖励。但是，专家们又强调一旦开始调整孩子行为后，及时的奖励至关重要。对老师来说，他要面对的是一个班级的孩子，这也让他很难每次都能留意到那些可接纳行为，当然也不可能每次都给予奖励。大家或许很熟悉这样的话语：“吉米帮忙拿箱子后，你谢了他，可是我昨天也做了，你却没有看到。”

谨记：开始使用奖励后，如果可接纳行为没有被及时奖励，那你会需要花费更长的时间来强化并巩固这个行为。

6. 孩子为了奖励而做

“你喜欢我的画吗？”

“老师，你觉得我的拼读好吗？”

“我今天表现好吗？”

“你看到我今天打扫房间了吗？”

“我已经吃光了所有的蔬菜，我能吃两勺冰激凌吗？”

这些语言说明孩子已经认为：在做出良好行为时就该得到奖励。

评级体系的一个副作用就是孩子们的关注点不再是获取知识或提高技能，而是贪婪地追寻更高的分数。这也就是众所周知的“为成绩而学习”——学习的目的是为了获取外在的来自学校的奖励（外在奖励），而不是来自学习过程中掌握某种技巧或知识的愉悦感（内在激励）。

更极端的是，为了获得好的成绩，出现了作弊、抄袭、剽窃与考前临时抱佛脚等为了拿到“好成绩”而想到的办法。

我曾经碰到过一个孩子，他聚精会神地用万能工匠玩具建造一所复杂的房子，他从成功地挑战每项任务中来获取满足感，这种满足感纯粹地来自他内心。如果说这里有一个评价机制，那也是完全存在于孩子自己心里的。

如果同另外一种情景做比较：孩子用黏土捏动物，每做完一步他都回头让你看看他的作品，并且问“你喜欢我的马吗？”“头捏得对吗？”“我做对了吗？”显然，这些孩子的评价机制在家长或者老师那里。（心理学家们将这种情形称为“外在评价点”）

表扬正是一种外在奖励，也可以预见它在孩子身上的效果。一个经常被表扬的孩子会考虑自己的选择是否可以取悦家长，并且会刻意避开那些不能取悦家长的选择。有些家长可能会觉得这正是自己想要的结果，但是我们也知道这样的孩子会变得没有创造力、失去创意、失去自我。他们学会的是遵照他人而不是创新，只会服从于一种模式并获得表扬而不是去尝试新鲜事物。

对孩子使用过多的奖励会产生的风险是：孩子们不再从活动本身中获取乐趣，而是关心奖励是什么。如此，孩子在打球时的快乐只能来自晋级、在学校学习的快乐只能来自于好成绩、帮助他人的快乐也仅仅是为了得到“品行积分”。追求晋级、好成绩、“品行积分”的后果是让孩子们无法品味生活的多姿多彩，无法享受发自内在的愉悦——那种单纯地来自做事情过程中的愉悦。

使用外在奖励来激励或者控制孩子，无论是表扬、成绩排位、给予特权或者金色星星，事实上都在削弱孩子的内在动机，也会影响孩子们放弃一些活动。外在激励的方式不仅无效而且还对孩子有副作用，它会侵蚀掉能让孩子们获得成就感、能力和自尊的自我激励。

艾尔菲·科恩在《没有竞争》一书中，提到了一个研究，这个研究阐述了竞争的负面效果。研究者让被试学生来解谜，一些学生被告知要比邻座的学生快，其他学生没有被告知这样的指令。然后对所有的学生计时，并观察他们在解谜过程中对这个活动的感兴趣程度。研究者德西总结如下：

被要求击败他人的学生的内在激励机制有减弱的倾向，而自然地转为对外在的关注。……当人们被引导要去在活动中胜出时，人们就会将活动视为要胜过他人的工具而不是以任务本身为导向。

著名的评论家约翰·豪特，对外在奖励的坏处做了更为深入的解释：

我们正在击垮……孩子们对学习的热爱——在他们很小时，这种热爱是如此强烈。可是我们却不断鼓励和逼迫他们为了那些小小的、卑劣的奖励而学习：小星星、贴在墙上的满分考卷、成绩单上的优秀二字、优等生名单、优秀学生名单或者美国大学优秀生等。简而言之，就是要为了那一点小小的比其他人出色一些的卑贱的满足感而学习。

谨记：这些奖励，尤其是表扬，会让孩子上瘾并且会残害孩子的内在激励机制。

7. 没有奖励意味着受到惩罚

你或许听过那个帽子的故事——戴着新帽子的妻子对自己的先生说："你没有说我的新帽子好，那你一定是很不喜欢它。"利用表扬和恭维来控制孩子也会产生同样的副作用。如果孩子们习惯于接受频繁的表扬，他们在没有得到表扬时就会产生焦虑。

在学校，老师的表扬成为那几个成绩好的学生的专属品，大部分的学生会由于未能被表扬而感到不开心并有被惩罚的感觉。结果是：他们不再努力。这也解释了为何如果孩子们没有得到大人足够多的表扬，他们就会总是在惦记着被表扬。

随着时间推移，表扬会带来的副作用已经被实验所证明，在家里越是使用表扬，在实验室里将其用作一种强化工具的功效就会越差。孩子们对于表扬很"习惯"，甚至不在乎。艾利诺·麦考比与约翰·马丁，对此结果在其著名的《儿童心理手册》中做了进一步阐述：

家长若想让表扬起到作用，则必须少用或者在强度和频率上递减。这对于奖励也适用。若是经常得到表扬或者奖励，孩子就会产生期待并且将得不到奖励和表扬视为惩罚，同时表扬或奖励亦起不到激励的效果。

谨记：如果经常使用奖励，那么没有奖励就意味着惩罚；奖励越多，作用越弱。

进一步分析表扬

行为改善的专家们强调了基本物品奖励与其他物品奖励的不同。基本物品是指满足基本生存需求的物品，比如食物、水、保暖和被触碰。许多行为管理书籍的作者都认为不能无节制地通过基本物品控制孩子。为何？因为大一些的孩子自己就可以满足这些需求，大人们无法再用这些基本物品像控制幼儿那样控制他们。而且，让孩子为了食物和水而顺从大人，这听起来就很残忍，正常的家长不会愿意这样。（当然，也有一些例外）

这也是为何家长权威的倡导者们也会建议家长：当孩子不再是婴幼儿时，要转向使用其他方式奖励，如关注、拥抱和亲吻、致谢或者是重要的表扬。《家长权力》一书的作者莱特博士，对此做了清楚的解释：

> 使用基本物品强化行为有其严格的限制条件，尤其是对那些住在家里而不是医院里的大一些的孩子。比如，食物在孩子不饿的时候就不会起作用（没有了奖励的价值）……由于这些及其他的限制因素，使用基本物品强化行为更常应用于小一些的孩子……而其他方式的强化，主要包括那些生活中让人感觉美好的事物：关注、表扬、成功、拥抱和亲吻。

莱特博士及其他的行为工程师们很明确地指出：当你发现利用满足生理需求已经不能控制孩子时，不要放弃，你还有更多其他的权力，你可以利用其他更深层次的需求——孩子们需要你说可以、需要你的爱和关注。但是，老师和家长们真的可以从给予这些奖励中获得“足够的权力”吗？下面我们将做更深入的探讨——尤其是针对表扬。

我在前面强调过，想要通过奖励控制他人，就需要被控制者对这些需求有强烈的渴望以至于愿意接受控制。那么，孩子对表扬的需求真的能强烈到如此地步吗？孩子们真的会为了得到表扬而听从大人吗？我的经验是：“别指望这个。”尤其是要应对大孩子时。

不过，仅仅利用表扬就可以控制孩子这种想法太有吸引力了，难道不是吗？听起来如此的仁慈，怎能不把它看作是对孩子最好的方式？表扬孩子也很容易。使用表扬的方法让家长们从惩罚的自责中得到解脱。而且，表扬似乎是每个人需要并且想要的。就是由于这些原因，表扬经常被用到——许多大人都希望通过这个方式让孩子们听话。就像我父亲常常会说：“表扬一下他们，他们就会赴汤蹈火。”真的吗？

我认为，表扬的作用被过分夸大了，因为它常常是无效的而且会破坏亲子关系（感谢理查德·法森，他在《哈佛商业评论》的一篇文章中首次分析了“为何表扬会经常无效”）。另外，表扬可能会带给孩子许多不受欢迎及不合群的特征。要理解这里的原因，我们需要先明确到底何为表扬。

何为表扬？

我将表扬定义为：通过语言信息对他人、行为或者成就做正面的评价。

下面是一些例句：

“你真是个好孩子。”

“你会成为一个很棒的网球选手。”

“你拒绝去那里，你做对了。”

“你有一头秀发。”

“你的画太美了。”

“你打游戏的功力提升了。”

“你的家庭作业完成得不错。”

“你这么聪明，一定可以排到前几名。”

“任务完成得不错。”

请留意在这些句子中都用到了同一个称谓——你。之后都是对“你”的一个正面评价——你的外貌、你的行为、你的成就、你的特征。在后文中，我会将“你—信息”与另一种完全不同的肯定性信息做比较，我在 1964 年时将其定义为“我—信息”，比如：“我非常感激你今晚的帮助，我那会儿已经累坏了。”像这样肯定性的“我—信息”与之前定义的表扬不同，几乎不会产生“你—信息”带来的那些副作用。现在，我们继续来分析用表扬控制孩子会连带出哪些问题。

表扬的“幕后动机”

家长、老师或其他大人经常想通过表扬来改变孩子的行为——激励他们做得更好、继续取得好成绩、行为端正、外貌整洁或者是有其他一些讨喜的行为。这样做的意图是希望（通过奖励）强化那些在他们看来好的、正确的、合适的行为。如此看来，几乎每个表扬都隐藏着“要改变孩子”的动机——我称其为“幕后动机”，因为大人从来不会清清楚楚、光明正大地说出这个目的。

一位父亲对他 12 岁的女儿说："这条裙子让你看起来很可爱。"这里隐藏的信息可能是："我希望你能经常穿裙子而不是牛仔裤。"或者当老师说："同学们，你们今天很安静，也很用功。"这里隐藏的信息可能是："为何你们不能每天都这样？"

我的父亲对我和我的兄弟说："你们今天把院子整理得很不错。"然而，我们很清楚他只是在用他认可的那个原则："表扬一下他们，他们就会赴汤蹈火。"

因此，大人使用表扬不仅仅是单纯地想要宠爱孩子或是让孩子们有好的感受。他们期待可以改变孩子的行为从而满足大人的需求——有个整洁的院子、穿符合大人品味的衣服或是保持课堂的安静。孩子们往往看穿了这些表扬并且明白这幕后动机。

这正与巴顿、迪尔曼和卡特尔于 1974 年的研究结果达成一致，他们研究了"高成就学生"形成的原因。在这个研究中，对六年级和七年级的 311 名学生进行了人际交往、科学、数学和阅读测试。他们的家长填写了一份很长的有关孩子养育问题的调查问卷。研究结果超乎我们的预期。

那些待人热情并且允许孩子自由释放情绪的母亲，她们孩子的成绩很好；那些经常惩罚孩子并且很少向孩子解释原因的母亲，她们孩子的成绩很不理想。其中令人惊讶的一个发现是，那些经常被父亲奖励的孩子们，成绩也不好，尤其是科学与阅读成绩。研究者的解释是：家长不断地表扬很显然会让孩子越来越服从，但这样的表扬并不是发自家长内心的，也不是必要的。

表扬还是批评？

表扬的幕后动机是想让孩子改变，这还只是表扬所传达出的部分含义，此外表扬的背后还有隐藏的批评。我们来看这段典型的对话：

妈妈：你今天开车很小心。

詹妮：今天很小心？这是什么意思？我一直都很小心。

妈妈：我可不认为你一直都很小心。

詹妮：我做了什么危险的事吗？说说看。

家里经常会出现这样的场景：家长说了句表扬的话，孩子们却感觉是在批评自己，认为家长言下之意是要改变他们。这经常发生，因为表扬的动机也常常是想要操纵——以一种不直接、不说透的方式，将孩子的可接纳行为与不可接纳行为进行对比，从而期待改变孩子的行为。每个有经验的孩子都会很清楚，这样暗含批评的表扬中所隐藏的家长的真实意图。

其实，与多数人一样，孩子们也不喜欢被操控。这样虚伪的、要控制他们的方式会让他们感到很强烈的愤恨，尤其是当这样的信息中还隐藏着对他们的批评时。事实上，当他们清楚这样的表扬的背后动机及其所带的批评时，语言所表达出来的肯定部分（比如“你今天开车很小心”）往往就会被忽略掉。所以，在上述例子中，詹妮并没有体会到因“开车很小心”带来的愉悦感，而是因感受到被批评而树立起心理防御。或许她根本不记得妈妈的表扬，而只记住了批评。

表扬常常隐藏着对孩子的不接纳。当老师说：“今天你很专注，所以课堂内容也理解了。”学生感受则可能是老师在说：“多数时候你都不够专心，那是我不能接纳的。”

表扬也会让孩子们眼中的人际关系出现上级和下级、评价和被评价的不平等。以我的个人经验来说，当我在一段人际关系中要去评价或者评估他人时，我会觉得高其一等，好像我知道得更多、我更有经验或是我更聪明。如果在和女儿打球结束后，我对她说："宝贝，你今天打得不错。"这也就暗示我的资格更老一些，所以可以评判她的球技。"今天和你打球真是让我下了不少功夫。"这样是否更好一些？

为何给予表扬的人会将自己凌驾于被表扬者之上呢？我们来想象一下：你恰好刚听完一位著名小提琴家的表演（你从未摸过小提琴），你能想象自己会去对表演家说"这场表演真是无懈可击，你的演绎太完美了"吗？想一想都会觉得可笑。我们绝对不会去对表演家这么说，因为我们知道自己没有资格就小提琴表演去评价这位小提琴家。可是如果换作说"这真是一场让我陶醉的演奏会"或者"我极其佩服您的天赋"，感觉就会不一样。

所以每次对孩子的表扬，都存在强化孩子自卑感的风险。我们经常认为得到表扬是一件开心的事情。事实上，如果表扬有一定的效果，那表扬与被表扬人之间的人际关系一定是不平等的。

有时大人会在要说关键信息前先表扬一下孩子，比如：

"赛丽，你比以前做得好，不过还需要更努力。"

"皮特，你今天洗了盘子，这很好，但是你没有收起来。"

可以肯定的是，听到这样具有双重含义的句子，我们往往听不到肯定的评价（或是忘记了），而只会对批评的信息有反应。

还有一种经过了改良的表扬方式，叫"三明治技巧"——很不幸，这种方式居然被认为是与青少年进行沟通的有效方式。在"三明治技巧"中，关键的信息被放在了"夹心层"，前后分别是两个表扬的信息：

“凯蒂，你现在确实很努力，可是你还是做数学题时粗心了。我相信，只要你用心了就一定能做好。”

“马克，你的牙比上个月干净多了，可是你今晚忘记刷牙了，你那么聪明，当然知道如果不刷牙就会产生龋齿。”

“菲利普，你今晚看起来很有精神啊！如果你再梳梳头，就更好了。你越来越会拾掇自己了。”

年轻人很容易就会看透这个“三明治技巧”——一种间接（还有些操控性）控制的方法。当年轻人听到这些信息时，他们明白大人们真实的意图是在批评，并且是要让他们改掉那些大人们不能接纳的部分，并不是真正在表扬可接纳行为。

家长和老师们若是经常使用表扬伴随批评的话，那这个语言信息就有可能被孩子听出操纵、假情假意、不真诚的意味。

外在表扬与孩子的内在评价不一致

我们经常会惊讶地看到，孩子会否认大人的表扬。这样的表扬往往是与孩子的内在评价有出入。比如：

妈妈：我觉得你的沙箱太完美了。

吉米：我不觉得，萨里做得比我好。

爸爸：朱迪，你今天表现得很出色。很快你就能把棒球击出一米之外了。

朱迪：爸爸，你知道我今天打得很糟糕。我不可能当一名好击球手了。

当表扬看起来“不那么匹配”时，孩子自然就会怀疑家长是否真诚。有多少次当你表扬孩子之后，你听到的反应却是：

“没有那么好。”

“我觉得太差了。”

“我不漂亮。”

“你说那些就是想让我好受一点吧。”

“你只知道这个。”

“我讨厌我的画。”

“我本来可以做得更好。”

重要的是，当我们的表扬与孩子内在评价不一致时，就好像是大人在否认孩子的感受，孩子们会感觉大人并没有真正地理解他们。尤其是当孩子已经对成绩或进度表达了明显的不满，可是大人们还去表扬的时候。这时，表扬就成为亲子之间继续沟通的障碍。如果孩子们觉得家长或老师并不是真正理解自己糟糕的感受时，他们就不会想要继续说下去。因此，表扬会让大人错失掉无数帮助孩子的机会。让我们看看这样一个例子：苏西因为妈妈表扬她，她开始抗拒沟通，不愿意继续讲自己在学校里碰到的严重问题。

苏西：我真希望我能再回到小学去。

妈妈：宝贝，怎么会这么想？

苏西：除了丹恩，我就没有其他好朋友了。

妈妈：怎么会，我猜你们班有很多女生愿意和你交朋友。

苏西：那为什么到现在我还没有朋友？

妈妈：进入新学校需要一些适应时间。只要认真对待，你就能办到。试着更友好一些，更大方一点。

苏西：妈妈，你根本就不理解。我试过了，我不想说了。

当人们在说出自己的困扰时，表扬就是个绊脚石。你可以试一下：当有人开始和你说他的一个个人问题时，试着给他一些有力的肯定。接着你就会发现表扬打断了你们之间的对话——尤其是当你听到那些抗拒性的回应时，你会切身体会到表扬真的会打断人们之间的沟通。

当你对自己失望或者不满时，如果接收到肯定性的评价，意味着对方拒绝承认你的真实感受——因为这时你的感受一定不是积极肯定的。

因此，表扬会引发下面的回应：

"你根本就不理解。"

"如果你了解我的感受，你就不会这么说了。"

"你这么说当然容易。"

"我也希望自己能像你这么乐观。"

表扬会加重手足间的争斗

你或许现在还能回忆起当自己的同学或者兄弟姐妹得到表扬，而你却没有得到时，自己的心情如何。你或许会嫉妒、愤怒甚至会怨恨。没有得到表扬会让我们感到被拒绝："你更喜欢吉米，不喜欢我。"

在家庭中，如果家长过多地使用表扬，孩子们就会为了得到表扬而竞争："我画得比你好。"孩子们甚至为了超过手足而撒谎："玩大富翁时，芭比赢了，不过她作弊了。"

另外，家长和老师也不可能一直都用同样的标准做衡量，这样就会让孩子们感觉家长不公平或者家长有自己的偏爱："你为什么说艾瑞克很会放风筝，我的风筝放得比他的高。"

当我想起我的哥哥约翰（他不会经常像我那样得到父母的表扬）时，我会觉得很难过，我能想象到当他听到父母在表扬我时会有多受伤。他在整个青春期，甚至到成人后，都在极力地想得到父母的肯定，但是很少成功。整个人生中，他都认为我是父母的最爱，而他是一个"缺憾"，他的自尊感很差。如果我们的父母能了解到表扬的弊端，他可以免受很多的伤害。

表扬会阻碍孩子发展决策能力

孩子们渐渐长大后，就需要为自己人生中的一些重要时刻做决定，但是如果他们过于依赖家长的肯定和表扬，就会无法从自己的需要出发去做决定。那些让人遗憾的职业选择，往往都是为了迎合家长的需要（"我父母希望我是个律师，但是我更想成为一名作家"）。许多家长希望孩子能越来越独立并且能做出让孩子自己满意的选择，可是他们却未曾意识到表扬会扼杀这样的独立能力以及为自我决策的能力。因为表扬会让孩子们在做决定时更侧重于去迎合家长。

比表扬更好的肯定方式

在人与人的关系中，有一些他人的做法或是语言，的确会让我们产生强烈的正面感受——感激、解脱、愉悦、惊喜、开心与爱。在这种情形下该如何去表达才不会再次落入表扬的陷阱？有其他一些很有效的方式，这些方式可以让我们在表达肯定性信息时不损害人际关系。

1. 肯定性“我—信息”

其中一种方式是：清楚地表达对方行为带给自己的感受。在所有的培训课程中，我们都要求学员使用这种方式而不是表扬。我们将其称为肯定性“我—信息”，它通过准确地呈现自我、表露自我而让他人了解我们内心的活动：

在……时，我感觉很好。

当……时，我又是惊讶又是开心。

当……时，我就像是解脱了。

在……时，我觉得自己很享受。

当……时，我很激动。

表扬往往是针对对方——你看起来如何、你在说什么、你在做什么的一种评价。按照这样的逻辑，表扬很容易就会是一个评判性或者评价性的“你—信息”。

“你的工作完成得很出色。”

“你的协调工作做得很到位。”

“你的演讲很精彩。”

“你的皮肤真是光滑。”

“我—信息”是说出与自己相关的信息，而不是对他人的评价。这个区别很重要，因为表扬中很重要的部分就是评价，正是这个对他人的评价带来了很多问题。从下面的比较中，你能感受到表扬和“我—信息”之间明显的不同吗？

情形：今天上午，你的朋友来家里拜访。你 7 岁的孩子一直都安静、开心地自己玩。

“杰克逊夫人刚才在家里时，你真乖。”（表扬）

“我今天真开心能和杰克逊夫人聊很久，而且中间没有被打断。”（肯定性“我—信息”）

情形：生日聚会后，你 12 岁的孩子独自把一切都清理干净了。

“聚会结束，你就主动都收拾了，真是个替他人着想而且会考虑别人的孩子。”（表扬）

“我看你把东西都收拾了，我真是觉得如释重负，我很害怕那些清理工作。”（肯定性“我—信息”）

请在下面的小练习中尝试练习发送肯定性“我—信息”。在左栏中，列出的是典型的表扬语句，都是一些评判性的“你—信息”，尝试根据这些信息，在右栏写出相应的肯定性“我—信息”，清楚地让孩子知道他们的那个行为带给了你何种感受，也就是孩子的行为带给你的具体影响是什么。

有一个简单的语式可以帮助你写出一个肯定性“我—信息”：

孩子的具体行为

\+

这个行为带给你的感受

\+

为何会有这样的感受

你—信息	我—信息
1. 今天早晨吃完早点，你就把碗筷收到了厨房，真是个好孩子。	1. 今天早晨你收了自己的碗筷，这让我感觉很好，因为我的工作量减少了。
2. 你真是个负责任的孩子，每天都会记得把垃圾倒掉。	2.
3. 你没有去参加那个聚会说明你的判断力不错，去那里一定会喝酒。	3.
4. 你真像是一个小淑女，你居然帮助所有客人把他们的外套挂了起来。	4.
5. 虽然玩游戏时输了，但是你没有发脾气，这会让你更强大，赢得更多的比赛。	5.

当然，肯定性“我—信息”必须是可信的。因而，肯定性“我—信息”应当是诚恳并且真实的——真实并且准确地表达了你当下的感受和情绪强度。“我—信息”是你的感受和情绪的自然而然地真实流露，并且没有暗含操控的意味。“自然而然”是指当下的一种感觉——不是靠事先策划得到的，也不是事先就期待的。“真实流露”意味着将自己内在的感受用贴切的语言描述出来。“你记得我的生日还给我准备了小卡片，我感觉很温馨”，当你说这句话时，你明确地知道，如果对方未准备礼物的话你也并不会感到失望。最后，“没有操控”，这就意味着你的“我—信息”并不是想要去教育、说教、评价甚至想要对方的行为有所改善——与我们经常听到那些有双重含义的信息（如下所示）不同。

“我很喜欢你今晚绑头发的方式，比你平时好看多了。”

“我非常喜欢你善始善终的做法。”

“我真是为你的成绩感到骄傲。”

2. 用积极倾听来回应

另一种有效的给予肯定性信息的方式是积极倾听，即同理心倾听和接纳孩子的所说所想。具体的做法是先听孩子说，再表述自己对所听到内容的理解。在下面这段小对话里，一位妈妈通过积极倾听而不是用表扬来回应自己的孩子：

汤米：你认为我最近是不是进步了？我都在打扫自己的房间。

妈妈：听起来你觉得自己进步了，对吧？

汤米：是的，我觉得比过去有进步了。

妈妈：你看到了自己的变化。

汤米：是啊，不过我还是忘记了要倒掉我的废纸篓。

妈妈：这个活你不太容易记住。

汤米：嗯。我可能需要提醒。我试着做个标记挂在门上吧。

在这段对话中，汤米的妈妈采用了一个特别的姿态：她没有做评价、没有表扬、没有提到关于孩子房间的任何问题。她让自己如同镜面那样回应孩子的感受，说出她所听到的孩子表达的内容：“你觉得自己进步了”“你看到了自己的变化”“这个活你不太容易记住”。

妈妈也可以选择用表扬的方式，就像：“是的，我看到了这些进步，汤米，我真为你骄傲。”但是她选择了用倾听与接纳孩子感受的方式。在这个过程中，她了解到了孩子更多的想法；而表扬可能会提前中断这段对话。我们把这样的回应方式称作积极倾听：用耳朵听，然后用自己的语言说出所听到的内容。从上面的例子中我们可以看到，在妈妈的积极倾听下，汤米进一步解决了废纸篓的问题。

为何家长有时需要使用积极倾听而不是发送肯定性“我—信息”呢？积极倾听会带来一些重要的益处。其中一个要点在这段对话中已经体现出来。你是否留意到汤米从寻求妈妈的评价转为自己来评价？通过使用积极倾听，汤米的妈妈有效地让孩子了解到，真正能做评价的只有孩子自己。

为何要让孩子知道应当自己来评价？这样做有两个很重要的结果：（1）有时会让孩子发现另外一个需要解决的问题，比如汤米后来提到要解决总是忘记倒废纸篓的问题；（2）在这个过程中，家长让孩子有机会从小的事情上成长——为自己负责、开始独立成长、开始积极地为自己解决问题。

无论是使用有形物质奖励或者是口头表扬，都会有风险存在，因为你并不是一个行为改善专家；这样的方式太复杂并且耗时久；你的孩子会知晓你的意图，并且觉得你并不光明磊落和直率（多数人在使用表扬控制他人时，都会给人留下这样的印象）；会滋生你并不希望孩子养成的行为，比如依赖、妒忌和手足之争；会阻止亲子之间公开、坦诚地沟通，进一步错失了无数可以帮助孩子成为自我评价、自我指引和自控的问题解决者。

但是也务必记得，有些特别的时刻（根据我自己的经验，是极少的一些时刻），当孩子们做的一些事、说的一些话让你感受到特别的温暖、感激与爱时，如果你能清楚地将这样的感受表达出来（没有评价与试图改变他们的意图），你的孩子会感觉很好。显然，在这样一些时刻，你不是想要去控制孩子，可是你所说的话会实实在在影响到他们！这样的语言，你明白，是无法去事先设计的，它们就是那样真实地流露出来。这时，不用过多担心这样的表达方式是不是一个完美的“我—信息”。

“哇！你穿上这条裙子看起来这么耀眼！”

“我很爱看你画的画。”

“在我买东西时你把盘子洗了。真是太好了。”

“你的敏锐让我很惊讶。”

“这个发型太可爱了！”

我们需要另外一个术语而不是“表扬”来形容这样一种罕见的、自然流露的对他人的赞赏。

4

第四章 惩罚的不足与危险

· 实施惩罚是一门技术活 ·

· 可以采用“温柔的惩罚”吗？ ·

· 严惩的风险 ·

· 大人不在时…… ·

· 惩罚助长攻击性与暴力 ·

· 惩罚终被用尽 ·

· 使用权力所付出的代价 ·

在《关闭的门》一书中写道，在参与调查的家庭中，有84%-97%的家长承认会使用体罚；妈妈们甚至隔一个月就会打一次孩子。打孩子、骂孩子、揍孩子在美国家庭中常常出现。

如此之高的体罚率也从侧面说明了奖赏的无效。在许多家庭，当家长们发现奖赏孩子们的可接纳行为效果甚微后，就开始转为惩罚不可接纳行为。

除去体罚，还有许许多多惩罚孩子的方式：关禁闭、饿着肚子睡觉、被罚多干活、漠视、拿走孩子最爱的玩具或自行车、强迫性地喂食、强逼孩子吃掉他不喜欢的食物、谩骂、羞辱、冲孩子大叫等等。我看到，几乎所有的家长都会用一些惩罚措施来控制孩子。我曾经问过一些家长听众，有多少人在小时候从未被惩罚过，无人举手。

在学校的情况亦是如此。报告显示，美国学生被杖责的次数在1982年从150万下降到近80万，全国平均有3.5%的学生受到杖责。但是，也有其他一些惩罚学生的方式并未在报告中得到体现：打耳光、猛拉、摇晃、踢打、面壁、用难闻的液体洗嘴巴、不允许孩子去厕所、允许甚至鼓励欺凌、把孩子绑在椅子上、强迫孩子做引体向上或跑圈、不让孩子休息或者不让孩子吃午饭、让孩子在角落里站一个小时等等。

在学校，一些其他非体罚的惩罚方式也很常见。比如，种族诋毁、诅咒、侮辱孩子的外表、侮辱残疾孩子、故意忽视那些需要得到帮助的孩子、挖苦、由于某个孩子的行为而惩罚整个班级、让孩子做替罪羊、破坏孩子们的友谊等等。

显然，家长和老师们有很多惩罚孩子的办法，而且他们经常使用这些办法。那么有什么可以证明它是有效的呢？

惩罚，心理学家将其称为“表面功夫”——也就是说，表面上会起作用。每个人都看到过这样的情景：在超市里，孩子惹了麻烦，生气的爸爸上去打了他一下，孩子便不再继续那些惹麻烦的行为；在教室里，学生们打扰了他人，如果老师威胁说会实施惩罚，那孩子也会停下来——至少短期会停下来。所以，不论是惩罚或是威胁都会改变孩子的行为。但是，与奖励相同，要想惩罚起到作用并且还能有效地持续一段时间，那就需要满足一些特定的条件。而这些条件对于家长和老师们来讲，都不太容易实现。

实施惩罚是一门技术活

与奖赏一样，想要通过惩罚有效地控制孩子，也需要接受专门的指导。但是许多家长和老师未曾参加过专业的培训，因此，惩罚很难有效用。心理学家们成功地通过电击帮助人们戒烟，他们也成功地用同样的方式改变了一些发育迟缓、有残疾和心理失常孩子的一些行为。但是，这样的方法需要进程管控及实验室环境，控制者需要遵从预设的原则，比如：

（1）不可接纳行为每次出现时，都会受到惩罚。

（2）不可接纳行为一旦出现，立即受到惩罚。

（3）惩罚不可以在其他孩子面前进行，不然被惩罚的孩子会觉得尴尬而开始挑衅控制者。

（4）控制者要注意不可以奖励不可接纳行为。

（5）不应当过于严厉、过于频繁地惩罚孩子，否则孩子们可能会退避（不再尝试、离开、退学、离家出走、离开队伍、沉迷于酒精和毒品）。

对于家长和老师们而言，这些条件都不容易满足。

以第一项为例：一旦惩罚、永远惩罚。老师们天天都在违反这一项，我们也非常理解。老师不可能惩罚每个偷偷说话的孩子，但如果真这么做，那恐怕教学时间都没有了。而且据我了解，老师们在心情好时，会放过一些行为，可是如果碰到自己心情不好，就会施加惩罚。这是一种不一致的做法，可是许多老师都如此——老师也是普通人。

再来看第二项原则：立即惩罚。在行为调整领域里，有经验的心理学家们都认为，最有效的惩罚应当是在不可接纳行为出现后即刻实施。延迟惩罚会让其效果大打折扣。心理学家安东尼·邦乔瓦尼系统性地回顾了过去60多年的与惩罚相关的研究，他这样写道：

> 学校的人事部门应当设置“一分钟人”（即刻反应）的职位，他们会随时侦查到不可接纳行为并且给出反应。或许有人会问这对班级的管理有何影响……对惩罚的研究显示，惩罚针对持久性的行为效果甚微，并且对学生会有潜在的伤害……体罚看起来不实际、耗时，并且与教育的目的相左。

那么当一个老师看到窗外操场上一个孩子正在打另一个孩子时，他该怎么做？如果按照专家的说法，此时走出去惩罚已经太晚了。就算老师是百米冲刺冠军，在几秒钟内赶到孩子们旁边，可是孩子的旁边还有他的伙伴，此时如果惩罚，就又违背了第三项原则：不能在其他人面前惩罚。

再来看第四项原则：不可以奖励这些行为。对于在惩罚过程中如何保持一致性是一个难点。比如这样的场景：

由于在街上玩滑板，7 岁的拉瑞受到了妈妈的惩罚。三天后，拉瑞和爸爸在院子前面玩，拉瑞开始在街上给爸爸表演自己的一些滑板技巧。爸爸觉得儿子非常棒：“哇！这些技巧对你这么大的孩子来说不容易啊。”拉瑞得到了表扬。这违背了第四项原则。

如何让两个控制者维持一致也同样很难。在学校，不同老师对于孩子们的行为也会有不一致的判断。孩子们早就搞清楚了哪些老师是比较严格的，哪些老师比较好说话。在某个课堂上被惩罚的行为在另一个课堂上可能会被奖励，比如帮助其他孩子完成课堂作业、说笑话让全班大笑。长期看来，这些不一致都会弱化惩罚的作用。

再看第五项原则：太过严厉、太过频繁的惩罚会有可能引发孩子的回避。心理学家们经常会用小白鼠做试验，在某些实验里，他们观察小白鼠如何学会穿过复杂的迷宫。显然，他们可以通过不断用食物奖励的方式让小白鼠学会。几年后，一个好奇的心理学家想如果在这个过程中加入惩罚，是否会让整个过程变得更快。所以他在迷宫里加入了电击网，如果走错了路线，小白鼠就会遭到电击。结果如他所料，加入惩罚的确会比单纯用奖励更快让小白鼠学会走出迷宫。这更增加了这位心理学家的兴趣，他增加了电击的强度——让惩罚更为严苛。

但是这次却失败了，小白鼠们放弃了尝试。它们会在迷宫中的一些地方躺下来，不愿意让自己受到这样痛苦的惩罚。在狗身上的实验结果也是如此，当惩罚过于严厉时，狗会躲在床下、趴在门廊处或者干脆逃走。

对孩子们来说，如果惩罚过于严格或是过于频繁，他们也会想要逃离。经常遭到严厉惩罚的孩子只要在他们大一些后就会立即逃走。逃学的孩子几乎都是因为想要回避——或是回避老师带来的生理或心理上的惩罚，或是回避由于成绩不好而要遭受的每日批评，或是回避总被老师指责及被同学嘲弄。被严厉惩罚的孩子往往会沉迷于酒精与毒品，他们将这二者视为逃离痛苦的一种方式。

可以采用“温柔的惩罚”吗？

惩罚孩子的支持者们孜孜不倦地宣称他们所说的惩罚是温柔的、仁慈的、充满爱的，他们也认为严苛的惩罚是残忍并且缺乏人性的（没有爱），这些说法会让惩罚的支持者们看起来像是仁慈的独裁者。有趣的是，这个说法背后的动机很值得被探讨。

首先，研究者们发现温柔的惩罚无法起到威慑的作用。每位家长和老师都有这样的经历：在使用了“温柔的惩罚”后，孩子们就像什么事也没发生过一样继续着他的不可接纳行为，这让人更为恼怒。看看下面这个例子：当劳瑞抢走弟弟手上的卡车玩具时，妈妈拍了一下她并且把车还给了弟弟。劳瑞被吓到了，但是很快她就又去抢弟弟的卡车，然后朝着妈妈不好意思地笑笑。

在这个情形下，劳瑞对卡车的渴求强烈到她宁愿被妈妈这么拍一下。这反而让妈妈陷入了窘境：是违背心愿施加更严厉的惩罚，还是放弃让她交出卡车然后给弟弟一个新的玩具。这个做法或许会安抚弟弟，但同时也会让劳瑞觉得可以花点小代价来拿走别人的东西。

在这种情况下，劳瑞的妈妈可以使用两种非惩罚的方式，这两种方式在接下来的篇章中会详细描述：发送“我—信息”来面质劳瑞（“吉米的车被抢走，连我都感觉到他很不开心”）；或是让劳瑞和吉米进入问题解决流程（在第七章中会详述“无输家”的方法）。

事实上，心理学家们还告知我们这种“温柔的惩罚”有可能会强化劳瑞不告知对方就拿走东西的行为——因为她在这个过程中赢得了家长的关注。老师们几乎天天都面临这样的两难境地，比如下面这种情形：

史蒂夫站在削笔器旁边使劲削笔，一支新笔已经削到比他的小拇指都短了，这个过程吸引了同学们的注意力并且逗得大家哈哈大笑，这让老师很不开心。老师命令史蒂夫马上回到自己的座位上，否则放学后就不许回家。史蒂夫没有任何表情，还是继续削笔，继续让全班发笑。

这种情况下，就算老师最后留下了史蒂夫，可是这个惩罚是否足以让史蒂夫放弃那种可以惹全班同学发笑的乐趣呢。史蒂夫或许从这个过程中了解到：原来通过扮小丑获得他人的关注并不需要付出太大的代价。对史蒂夫来讲，这样的惩罚是值得的——这也是孩子们对温柔惩罚的普遍反应。

在心理学家托马斯·帕沃和研究生丽恩·香派斯基的报告中，他们也发现了温柔的惩罚无法改善孩子的行为。他们观察了 16 个 14 个月大的婴儿与妈妈的玩耍过程，记录下每个孩子想要抓取的物品及其家长要去阻止的过程。七个月后又做了进一步的观察，比较起来发现：受过惩罚的婴儿更倾向不守规矩、去抓易碎的东西。研究人员认为：“受过惩罚的孩子不愿意冒险，这也会影响到孩子视觉、空间感及问题解决能力的发展。”

严惩的风险

当使用温柔的惩罚没有得到预期的效果时，每个家长及老师都会在下一次尝试中使用更为严厉的惩罚。尤其是被孩子的执拗与不听话激怒时，大人就会下手很重。如果这也没有起作用，大人就会尝试更为严苛的做法。这时造成严重伤害的概率就会很大，很容易演变为虐待小孩。

为了让管教的执行能“持之以恒”，家长和老师们就可能使用会伤害孩子的体罚方式。这种体罚的发生概率远超过人们想象。根据《关闭的门》作者的研究，每年几乎一百个孩子中就会有四个受到严重的体罚：踢、咬、拳打、灼烧，甚至被用刀和枪威胁。

最后得到的数据让人非常惊讶：进行研究的这一年里，有140万到190万的孩子被父母严重体罚。更糟糕的是，研究者们发现这样的暴力体罚会频繁发生。

下面一组数据显示了虐待儿童在美国的普遍性：

- 1987年报告了大约有225万起孩子遭受虐待及被疏于照顾的案件。若将并未报案的案件计算在内，数字会更高。

- 1986年的报告中显示有将近1200名儿童死于虐待。

- 每两分钟就有个孩子受到来自父母双方或一方的攻击。

在这本让人看着心慌的小册子《再思考：体罚的医学影响》中，医学博士莱斯利·泰勒与安戴·毛雷尔博士记录了体罚可能会引起的伤害：

攻击头部：会形成需要通过手术才能去除的瘀血，这样的瘀血会有可能导致死亡、脑震荡、大脑损伤、“拳击手脑病综合症”、颅骨骨折、菜花耳、视网膜出血、脑萎缩等。

剧烈摇晃：颈椎受损引发大脑受伤、椎骨骨折。

攻击胸腹部：肺部挫伤、肺部萎缩、肋骨多处骨折、出血性休克甚至死亡、肝部损伤、脾脏破裂、胃肠破裂、十二指肠血肿、胰腺炎、膀胱损伤。

打屁股：骨折、青肿、挠骨头脱臼、尾骨受伤、骶骨骨折、坐骨神经受损、腿部麻痹、生殖器受伤、成年后的乱性行为。

许多情况下，家长们都会先尝试使用温柔的惩罚，继而转向严苛、恶性的体罚。当家长们发现温柔的惩罚并没有让孩子听话时，他们开始沮丧进而愤怒，于是冲动地使用更为暴力的方式——许多暴力的体罚方式足以让孩子受到严重的伤害。我听到有些家长会这样为自己的暴力辩解：

“我必须让孩子清楚要听谁的。”

“我们不能让孩子以为他们可以侥幸逃脱。”

“我们绝对不能输掉与孩子的战争。”

“要尽早让孩子明白我会把管教认真执行下去。”

这往往会带来严重的虐待儿童的后果。这也让我想到牛仔通过鞭打来驯服小牛，狗的主人也会通过拉紧狗的脖圈来驯服小狗——其目的都是控制者要让被控制的对象完全服从于控制者而不能有自己的意志。这样一些残忍、暴力的惩罚方式都被冠名为“管教”，并以“父母权威”的说法来掩饰甚至要求获得尊重，孩子们必须尊重他们的家长，家长绝不能“输”。

卡杜欣与马丁合写的《虐待儿童：全球事件》一书全面研究了虐待儿童行为，并进行了学术分析。下面这段文字总结了家长通过体罚虐待儿童的行为和特点：

虐待儿童的家长是严厉的管教者，他们对孩子的行为有严苛的期待，而没有关注孩子的感受以及将孩子作为独立的个体。家长们更像是“占有”孩子，古板地要去塑造孩子，有着一种要为孩子做出最好选择的正义感……虐待孩子的家长将孩子（甚至包括婴幼儿）的行为都看作是在故意违抗家长。由于认为孩子们是故意不听话，所以严格管教被看作是正确的。

在学校，也是相同的模式。当孩子们的破坏性行为没有被温柔的惩罚改变，老师们就会体罚（在许多美国的学校，依旧允许这样的体罚方式）。许多研究已经显示，体罚可能会给学生带来的严重后果包括肿块、骨折、水泡、头部受伤、眼眶青肿以及肾脏的损害。《终止对下一代体罚协会简报》报告了上千个案例，比较典型的例子如：

在匹兹堡“最好”的小学里，一个七年级的学生嘴里嘟囔着什么。老师便被激怒，他从脖子上捏住学生，猛力地将其推到墙上。

在佛蒙特州，有个六年级的孩子由于打人而被校长很严重地体罚。校长不断打孩子，把孩子从椅子推到地上。接着又踢孩子的肚子、后背和腿，撕扯孩子的头发。孩子在整个过程中遭受了严重的身体伤害。

在密苏里州，三名男生由于抽烟而被惩罚，他们要在体罚或吞下香烟中选择一种方式。两名男生选择吞下香烟，之后他们在医院里治疗了三天。而另一名男生则受到了严惩。

常见的停学惩罚亦会带给学生潜在受到体罚的可能性。停学往往会导致孩子们受到家长的体罚。而且，孩子们也会失去自尊与自信，在学业方面感到无望，甚至会感到永久地与学校疏离——所有这些严厉的惩处最终都会导致自卑。

大人不在时……

惩罚（以及威胁使用惩罚）可能会改变孩子的一些不可接纳或者干扰他人的行为，但是只有在监管者在场的情况下才能起作用。只要监管者不在，这些行为就会再次出现，有时甚至会更频繁，更厉害。这种现象在教室里经常可以看到，每位老师都亲身体验过。每个家里、每个家长也都能想起这样的情景。在对孩子们进行的实验性研究中也清晰地呈现了这个规律。

罗纳尔德·里皮与罗伯特·怀特针对学校所做的研究显示：如果孩子们所参加的男孩俱乐部里有一个权威、控制型的领导，那这些孩子就会在领导人不在场时表现得更加敌对、激进，干扰性行为会增加；若是俱乐部里的领导较为民主、氛围较宽松，那即便是领导不在，孩子们也会像之前那样继续活动。看过纪录片之后，这两组孩子之间明显的不同让我至今也记忆深刻。

正如我之前所看到的，大人外在的控制并不会让孩子们产生内在的控制；惩罚性的管教方式不会带来自律的孩子。

惩罚助长攻击性与暴力

大家一般认为惩罚会减少孩子的攻击性，但事实证明严厉的、惩戒性的、基于权力的惩罚会增加孩子的攻击性。

为何会如此？惩罚孩子往往伴随着对他某个需求的剥夺。当孩子（事实上，成人也是如此）无法满足自己的需求时，他们会感到挫败——而攻击行为恰恰是产生挫败感后的一个普遍会有的反应。心理学家们在多年前已经发现了这两者的关系。心理学家们设计了一个实验室环境，最初针对动物，之后是针对孩子，最后是针对成人。在这个环境中，被试者无法得到他们强烈需求的物品（如食物、水、玩具或者其他奖励）。这显然会让人很沮丧，被试者们也频繁地（并非总是）出现攻击行为甚至暴力行为。通过这些实验，心理学家提出“沮丧—攻击理论”，现在，几乎全球都已认可沮丧这是产生攻击行为的原因之一。

在我们每日的生活中，也可以随处看到“沮丧—攻击理论”的现实案例：比赛中失利的网球选手气愤地扔掉球拍；孩子要去揍那个抢走自己玩具的孩子；被打扰了休息的父亲推走孩子；因为家长不同意他们开车，青春期的孩子使劲地关上门；夫妻在争吵中砸盘子。

当家长或老师惩罚孩子时，若是采用剥夺孩子需求的方式，就会带来孩子攻击性的反应，甚至产生暴力的结果——甩门、砸碎玩具、扔掉东西、用拳击墙、攻击比自己小的孩子甚至打老师。

经常使用惩罚的家庭中，孩子会变得咄咄逼人、过度活跃。看起来，惩罚并没有阻止孩子的攻击行为，而恰恰是助长了这样的行为。这就像是一个恶性循环：由于攻击行为而遭到惩罚，受到惩罚后滋生更多的攻击行为，如此循环。

惩罚之所以会让孩子具有攻击性，不仅仅是因为惩罚会带来沮丧感，而且这个过程也有“示范”的作用。正如我们所知，孩子具有很强的模仿能力——他们通过观察大人来学习，尤其是从父母身上学习。因此，如果家长过多依赖暴力的方式来控制、管教孩子，这就给孩子上了现实的一课，学习到的内容也很难忘记，诸如：

在人际关系中暴力是可以使用并且可以被接受的行为。

力量决定一切。

对我们爱的人使用暴力是合法的。

如果想要，就算动用武力也可以。

强壮就能赢得冲突。

体罚的过程就是让孩子学会暴力的过程。这就像是一堂活生生的教学，教会孩子们如何用暴力破坏人际关系。因此，每一代人都从被父辈体罚的过程中观察、体验并承袭了这样一种方式。

在《关闭的门》一书中，我们也可以有这样一些发现。

青少年时期若受过较多惩罚，成年后对于配偶使用暴力的情况比未受过或较少受过惩罚的人高四倍。

在暴力环境中长大的男孩，出现家暴的情况比非暴力环境长大的孩子高六倍。

在暴力环境中长大的家长有四分之一会严重伤害孩子。

没有体罚的家庭中会有百分之二十的孩子会出现欺负小孩子的情况，但若是有体罚的家庭，这个概率会是百分之百。

使用体罚就是如此的荒谬，记得多年前在《纽约客》杂志中所看到的一则漫画很巧妙地描绘出了这种荒谬：一个父亲一边打着孩子的屁股，一边说："我这就是要你记住以后不能再打弟弟。"

惩罚终被用尽

如同有效的奖赏终会用尽，惩罚也无法避免在孩子进入青春期后失去它的效力。孩子逐渐长大，他们也开始像大人那样具有力量，对他们继续使用惩罚有点像是在使用蛮力，大人们在此过程中也极容易被孩子回击。在学校，高年级的老师也同样面临这样的风险，于是无法继续使用惩罚的大人们开始觉得无计可施。

尽管有可能会出现暴力反抗，许多家长在孩子已经长大后仍然继续使用惩罚。15 岁到 17 岁的孩子中，有三分之一挨过打。我怀疑在家中我们实际上在使用双重标准：大人可以随意打孩子，但同时又认为孩子要遵守未成文的规定——不能打父母。

即便是非暴力的惩罚方式也会在孩子们长大后渐渐失去效力。经常为了惩罚一个不可接纳的行为，家长会不许孩子用家里的车，于是，孩子们去蹭朋友的车甚至是搭陌生人的便车。惩罚男孩让他一周都不许出去，可是之后你可能会发现，他每个晚上都偷溜出去。不许女儿和你不喜欢的男生在一起，甚至为此惩罚孩子，之后你可能会发现他们继续一起出去，只是不再告诉你——一起出去的频率或许更高。

要理解为何会如此，我们只需要回顾一下惩罚能起作用的那些条件。首先，惩罚要足以让孩子感觉到自己被剥夺了什么或者觉得疼痛。可是对于青春期的孩子，大人几乎找不到什么方式能让孩子再产生这种感受。其次，年龄小的孩子们无法逃离被惩罚的现场，可是这对青春期孩子来说不再是问题。我想起在一次 P.E.T. 课堂上，有位妈妈说："我只能把孩子绑在床柱上才可能阻止他抽烟。"这位妈妈最终不得不面对一个大多数家长都不想承认的事实，随着孩子长大，当他能够逃离、能够不再被家长监管时，家长也就失去了一直所依赖的权力。

若没能看到并理解这个现实情况，则会带给孩子与家长悲剧性的结果。我坚信之所以家长会在孩子长大后还继续选用惩罚的唯一原因，就是他们找不到其他的办法。他们会问："哪里错了？为什么管教不起作用了？"许多家长没有意识到随着权力的耗尽，他们的影响力也荡然无存。当孩子长大成人，孩子们就会为所欲为——没有控制、没有限制。这时，这些家长会被谴责过度溺爱孩子。殊不知，这些家长恰恰不是溺爱孩子，他们往往是权威的家长，只是权力不再。他们从未想过自己会成为无力的家长。

在学校，老师们亦会如此。在小学高年级，学生们开始抗拒甚至忽视基于权力的管教。老师这时能做的也仅仅是一些无意义的、无效的惩罚，诸如让孩子留校、去校长办公室，或者停学。

使用权力所付出的代价

使用权力不仅仅会伤害到被控制的人，事实上，控制者自己也会付出沉痛的代价。正如爱克顿公爵所言："权力会带来腐败，极权必定产生腐败。"权力的执行者会随之而堕落。

这个世界的控制者经常会不断地感到来自被控制者的威胁。在任何一个极权的社会里，依靠强权执行规则的结果都是遭到反抗。被镇压的反抗也只是暂时性的表面沉寂，它会悄悄地继续进行直到最后形成革命。可见所有的权力都不会永久。正如弗兰奇《权力之上》一书中所描述的：

这个世界上的独裁者永远得不到一日的休息……他们总是不断被围困着……为了让奴隶能一直工作，必须要一刻不停地盯着他，或是找到一个监管者一直盯着他。当然，也很需要有个督导来保证奴隶及其监管者没有相互勾结，于是就再需要一个监督来保证奴隶、监管者和督导三者没有串通……对于独裁者来说，没有安全感可言、没有平静、没有轻松。要时刻去控制他人可能出现的叛逆；这绝非易事，因此，控制者也陷入其中而无法脱身。

使用权力控制他人的过程耗时、代价昂贵，并且需要更为繁杂的一些其他活动来确保权力的确起到了作用。虽然大家在家里或者学校希望通过强制让事情简单、少花时间，但常常事与愿违。孩子们会抗拒来自家长及老师的命令或要求。大人们也发现要想让孩子们真的执行命令就需要去监督，并且要应对不按命令执行的情况。虽然单方面做决定比起邀请所有人一起来做决定会更节省时间，而之后，则需要花费更多时间让团队成员接受并且实施他所做的决定及纪律。我提供过咨询服务的一家公司的主席也指出了这一点：

如果我通过权力解决了冲突，我可以为自己很快地做了决定而骄傲。可麻烦的是，我可能要花费十倍的时间让大家执行这个决定。我花了太多的时间去“兜售”我的决定——让其他人能真正接受这些决定。

研究表明，由于被控制者执行决定的积极性很低，执行就会变得困难并且耗时。最好的例子就在学校，研究表明老师花费了近 75% 的时间扮演“警察”的角色——强调纪律并且监督纪律的执行。

逐渐被团体所疏远是控制者过多使用权力的另一个隐性成本。一方面，人们从使用权力的控制者身上不会感到温暖与友善，人们害怕这样的高压并憎恨这种高压。另一方面，高压控制者会刻意地避免与其下属形成亲密的人际关系，以免被说管理中有偏向。这两方面都会损害控制者的人际关系。这也解释了为何权威型的领导会感受到高处不胜寒的孤寂。我相信采用高压政策的家长或是老师都对此深有体会。

权威型控制者常常会感到压力很大，他们的身心两方面也在使用控制权力的过程中受到伤害。成为权威型控制者会付出高血压、冠心病、溃疡、失眠以及沉湎于酒精的代价，这些疾病难道不是权力导致的吗？

一个强有力的证据可以正面回应这个问题。如之前所提及的，控制者长期处于紧张、警惕的状态，同时也时刻担心会失去权力，于是不断怀疑、不信任他人。更进一步来说，控制者在控制过程中采用的手段也让他们心生内疚。从我多年为组织管理者、校方、老师提供咨询的经验来看，使用权力的控制者本人也由于不信任、焦虑、紧张、多疑、偏执及妄想中滋生了各种各样的心理问题。

控制者们在使用权力过程中常常忽略的另一个成本也不容忽视：他们的下属会形成损害团队效能的行为，这些行为又进一步削弱了控制者对工作的掌控。其中最具破坏力的行为莫过于与控制者沟通的减少。权威型控制者很少能够听到抱怨，“没人告诉我情况”或者“我总是最后才知道”。权威型控制者的下属由于害怕受到惩罚或是苦于找寻解决办法，而不愿意揭露问题。“老板不知道也就不会再烦我了”就是他们对此事的看法。或者“只说老板想听的”，这样的自我保护行为最终会降低整个团队的效能，无论这个团队是工作团体、一个班级还是一个家庭。

团队中会开始盛行奉承与巴结，控制者旁边始终围绕着那些唯唯诺诺的小人。这样的讨好行为只会限制团队的管理者，让他们对大家的想法无从知晓，从而削弱了管理者对问题的决断力。

另一个由于强压而产生的结果是会引发团队成员之间的竞争与对抗。这样的竞争与对抗会出现在工作团队中、班级中以及家庭中（手足之争）。尤其是在商业机构中，强压即会带来争斗、相互诽谤以及流言蜚语。这样的相互竞争与争斗无法带来团队合作，无法形成一个有效能的团队，“团队建设”也只会是句空话，只会是高压团队中的一个抽象概念。

有些高压团队成员虽然会继续与控制者共事，但是他们也在不断寻求机会要逃离这样的环境——在心理上或真正地离开。有人会在团队会议上选择不发言；学生因为身体原因请假；青春期的孩子将自己锁在房间里。甚至有些孩子逃学也是出自同样的动机。

从我们的小家到整个国家，我们不应当再为高压而付出巨大的代价。我们过于遵从权威、过于相信它虚假的效力。我们很少去关注它的限制、危害及破坏力。权力会抑制人的创造力与生产力；会影响控制者与被控制者双方的健康；权力所致的力量会破坏或取代权力自己；会扼杀创意；会耗尽相互的信任、感情、亲密与爱；权力无形中捆绑着控制者成为了奴隶主。

5

第五章
孩子们如何应对控制

· 孩子们的应对机制 ·

· 针对控制者的报复性暴力行为 ·

· 亲子关系破裂 ·

· 埋下日后犯罪的种子 ·

· 少年法庭的失败 ·

· 注意：管教会伤害孩子的健康及幸福感 ·

· 寻求刺激 ·

· 丧失影响力 ·

· 我们真的需要听话的孩子吗？ ·

当被人施加控制时，人们总是会有一些自然的反应或者应对方式。

在人际关系中，一旦有一方使用了权力，那另一方就要应对权力。

这个事实显而易见，但敢于管教的宣扬者对孩子在权力控制下的反应均避而不谈。

他们坚持“家长要设定限制”，但是很少会谈到，当孩子们的需求被否认后会产生怎样的反应。

“家长们不应当惧怕执行权威。”他们如此建议，却对孩子们会如何反抗这样的高压政策讳莫如深。忽略了孩子方面的反应，管教的宣扬者们给家长们营造出一个假象：孩子们会自然地屈服于大人的权力，一直跟随大人、听大人的话。

“公正而坚定”“坚持让孩子服从”“别怕，打一顿他就知道了”“有时你就该说‘不’”“爱的管教”“让他们看看你作为父母的权力”“孩子要学会服从大人的管理”这些句子摘引自鼓励父母行使权力的一系列书籍中。所有这些书籍有一个共同点：仅仅提及基于权力的管教，而没有提到孩子们被管教后的结果。换句话说，敢于管教的倡导者们，从未给我们呈现基于权力管教孩子的完整情形，我们无从知晓如此管教后的结果，也并不清楚孩子在管教中的行为与反馈。

这种忽略可以帮助他们说服读者，让读者误以为：无论是最初对家长或老师，还是之后对他们会碰到的任何权力型掌控者，孩子们都会服从、会百分百地满足于做一个服从的角色。

不过，我尚未发现任何可以支持这个观点的证据。事实上，正如当我们许多人想起自己的童年，所能想到的恰恰是如何反抗这样的权力控制。我们都会想要避免、弱化、拖延受到这样的控制。我们撒谎、诬陷别人、告状、求情、保证自己不会再犯。

我们也都经历过被惩罚时的尴尬、丢脸、屈辱、恐惧及痛苦。我们被迫去做那些违背我们意愿的事，这是对人格的一种侮辱，也是对我们尊严的冒犯，这样的经历让我们变得不再看重自己的需求。

惩罚式的管教方式会剥夺需求，这与满足需求的养育方式不同。惩罚起作用的唯一途径就是让孩子们感到疼痛、不开心和反感。当控制者试图实施惩罚时，带给孩子的就只会是痛苦及被剥夺的感受。

如此看来，与其支持者们所宣称的相左，孩子们并不想要这种惩罚式的管教方式，没有孩子会“想要”“需要”甚至“感激”它。而孩子们很有可能不会忘记或是无法原谅那个惩罚过他的大人。所以我无法相信下面这些提倡用权力管教孩子的书籍作者们的声明：

“孩子们需要并且期盼被惩罚。”

“无论好坏，只要保证公平性，孩子们就会接受结果。”

“惩罚是向孩子们证明大人还爱着他们。”

“当孩子们知道自己会挨打时，大人真的打了，他们反倒就轻松了。”

“孩子们虽然在被管教时受到了伤害，可是当他们了解为何被管教后，他们会感谢管教者们：多亏有管教者，不然他们就无法控制自己的冲动。”

“从目的和方式上来说，爱孩子的父母体罚孩子的行为与对孩子的虐待行为是不同的……一种是爱的方式，一种则是敌对方式。”

“有些意志强硬的孩子需要用打的方式管教，他们有这样的需求。”

“惩罚会让处在这段关系中的孩子感到安全。”

“管教会让你拥有幸福的家庭、健康的孩子。”

这些解释是否会减轻大人在体罚孩子时所产生的负罪感呢？如果坚称大人惩罚孩子是一种爱的方式，是为了“孩子们好”，或者是“仁慈之爱”的负责任行为，或许真的会减轻一些大人的负罪感。这就像是对孩子很严格的父母只需要说这是“公平的严格”；对孩子很严厉的父母只需要说这是“严厉的爱”；独断专行的父母只需要说这是“仁慈地独断专行”；强迫孩子也没有关系，只要你不是“独裁者”；体罚也不会是虐待，只要是“带着爱体罚”，这样似乎就能减少大人的内疚。

奉行严格管教的人坚称惩罚是充满善意并且有益于孩子们的，这或许源自于他们秉持着一种信念：孩子们终究要听从于更高的权力。而他们认为这样的信念是否能够成功就取决于孩子们是否在最初就服从于家长及其他成人。杜布森不断对此论点进行强调：

学会服从来自家长的爱的领导，才能学会理解上帝的仁慈。

要管教意志力强硬的学步儿，在他们15到18个月时就要开始打……再次强调，学步儿需要学会服从家长的领导，但这并不是一夜之间就能教会的事情。

大家很熟悉这样的说辞：结局证明一切。最初服从于家长的权力，之后是其他高高在上的权力，用惩罚管教孩子的宣扬者们都宣称这样的惩罚最终对孩子有益而无害。

我认为，期待孩子通过这种方法最终学会服从于其他所有权力只是一厢情愿。并不是所有孩子都会在大人的控制下学会服从。事实上，孩子们会有各种各样的反应，会产生一系列行为。心理学家们将这些反应称为应对行为或者应对机制。

孩子们的应对机制

过去的几年里我整理并记录下了孩子们应对控制的反应方式。在 P.E.T. 与 T.E.T. 的课堂上，我们对家长和老师们进行了一个简单但很有意义的调研。参与者们要回答一个问题；回想当初他们还是孩子的时候，如果受到权力型的管教，他们会采用何种应对机制。很多答案都特点鲜明，这也让我们清晰了解到孩子们多种多样的应对方式。下面是这个问答的完整清单，没有特定的顺序。大家可以看到面对同一种境况，孩子们的应对方式千差万别。（你能从下面清单中看到你小时候曾使用过的那个吗？）

- 拒绝、否认、蔑视
- 反叛、无礼
- 反击、报复、故意破坏
- 好斗、斗争
- 犯规、违背法令
- 发脾气、生气
- 说谎、骗人、隐瞒真相

• 怪罪别人、告状、说别人的不是

• 欺负别人

• 拉帮结派、成立对抗大人的组织

• 巴结、讨好、拍马屁

• 退缩、惊恐

• 竞争、好胜、不服输、爱表现

• 自暴自弃、游手好闲、虚度光阴

• 躲开、离家出走、休学、逃课

• 闭口不言、保持距离、沉默

• 哭泣、感觉沮丧、无望

• 容易害怕、羞怯、害怕发言、不敢尝试新事物

• 没有安全感、一直需要被支持、寻求保障

• 生病、产生心理性身体疾病

• 暴饮暴食

• 服帖、顺从、乖巧，当老师的乖学生

• 酗酒、吸毒

• 作弊、剽窃

当老师和家长们在课堂上完成了这份清单，通过回顾个人经历得出这些结果时，他们表示：

“如果使用权力只会产生这样的行为，为什么还有人会用？”

“我不希望在自己的孩子（学生）身上看到这些结果。”

“这个单子上没有一个是正面的结果。”

“如果权力的管教带给我们的是这样的结果，那带给孩子们的也会一样。”

通过这个调研，许多家长和老师们对权力管教的态度有了180度大转弯。他们看到使用权力管教孩子，会让孩子出现他们最无法接受的行为。他们开始认识到自己会因使用权力而付出高额的代价：这样的权力管教会引致孩子或学生们，形成那些成年人不喜欢的和不健康的习惯和性格。

从这份清单中你可以看到那些应对方式中，有些是“对抗”，有些是“逃离”，有些是“屈服”。几乎所有的应对机制最终都可以被划分为三大类：对抗、逃离与屈服。

有些孩子会倾向于三者中的某一种。男孩子们会更倾向于对抗，而女孩子们则会倾向于屈服。同时，孩子们在年龄尚幼时会选择屈服，而进入青春期后就会开始对抗。任何年龄段的孩子如果受到过于严苛的惩罚或是面对难以获得的奖励，他们会选择对抗的方式。严苛的惩罚甚至也会让孩子们逃离，有些太难的考试会让孩子们选择放弃考试、逃学。

当然，孩子的应对方式又会再次引发控制者的一系列反应。比如，对抗就极有可能引发大人开始用更强势的惩罚。这种惩罚也可能会出现在孩子抗拒、反叛、不听话、报复、打人、破坏规则及发怒之后。对抗的应对方式就像是家里或校园中恶性循环的开始——孩子们的应对引起大人更为严厉的惩罚，然后又带来孩子们更激烈的对抗，如此纠缠下去。在少年犯中经常会看到采取这种应对机制的孩子。

屈服的反应不太会引发大人进一步的管教，但也会带给孩子们很大的伤害。许多孩子都不喜欢爱奉承、爱讨好、爱表现的乖孩子。他们会引来同伴们的嘲讽、取笑和排斥。

逃离的方式极有可能破坏亲子关系，让父母和孩子的生活都变得昏暗，孩子可能会不再与大人沟通、不与大人或其他孩子交流、离家出走或是逃学。有些逃离的方式对于孩子的健康极为不利，比如暴饮暴食、嗑药、酗酒、陷入幻想、变得怯懦等。

针对控制者的报复性暴力行为

如果年轻人无法逃脱权力管教带来的疼痛和羞辱，也不想妥协，他们往往会变得激进，甚至开始暴力地针对家长或者老师。正如大家所了解的，学生针对老师的暴力事件与日俱增，已成为很多学校需要面对的严肃问题。

而这样的报复性暴力行为不仅仅发生在学校里，在家庭中的发生率也以令人惊讶的速度增长。在《关闭的门》一书中，作者所做的调研显示：每年，3 到 7 岁的孩子中，每三个孩子就会有一个打自己的父母。斯特劳斯、盖勒和斯坦梅茨在他们的论文中也描述了亲子关系中的暴力性报复行为：

在所有参与面谈的家庭中，从未被家长打过的孩子，每 400 个孩子中有不到一个会出现针对家长的暴力行为。这与那些打过孩子的家庭的结果有显著差异，在后面这些家庭中，几乎一半的孩子打过自己的父母。

看到如此多的证据在揭示年轻人为何及如何去报复那些试

图控制他们的人时，我很难理解那些提倡要严格管教、靠权力管教的书籍的作者们，为何还在兜售自己的惩罚性管教理念，并声称其可以让家庭关系幸福。事实上，这种对孩子的惩罚正在破坏并且削弱亲子关系，并同时引发更频繁、更严重的报复性行为。

亲子关系破裂

严格管教所导致的最悲剧的结果，就是亲子关系的破裂。尽管人依旧在家里，可是却有非常多的青少年会在心理上选择与他们的家长“断绝”关系。无法逃脱父母的惩罚、对无休止的冲突与家庭的争斗感到疲倦，青少年们选择压抑自己，停止与家长进行有意义的沟通。这些孩子们不愿意回家，回家也仅仅只是吃饭与睡觉。由于孩子们不想告诉大人任何关于他们自己的事情，于是大人对孩子们的活动、孩子们的信仰、孩子们的价值观及感受变得一无所知。孩子们从过往的经验中知道：如果不想被控制、被惩罚，那就让这个亲子关系名存实亡，不要再进行开放并且坦诚的沟通。

这些孩子甚至不惜冒着危险离家出走，以此逃离家中父母的惩罚与管制。离家出走的孩子们中，有很多一部分是为了摆脱家里的惩罚与束缚。有些青春期的女孩子，会用未婚先孕的方式来通过婚姻“逃离”暴力的亲子关系。

近期还能看到一个令人惊讶的数据——有很多青春期的孩子并不是自己离开家，而实际上是被他们的父母赶出家门！而父母的理由是这些孩子们“无可救药”“无法管理”“叛逆”“无法控制”。许多父母意识到自己无法再使用权力控制孩子时，他们会想要离弃自己的孩子，这个让人如此难受的现象是真的在发生。这些父母认为服从比亲子关系更重要。

在这些案例中，家长往往会为自己的过错很快感到后悔。家长们用尽各种办法来试图继续控制已经长大的孩子，他们威胁孩子们，比如："只要你在我的家里，你就要服从我的规则。如果不服从，就请离开。"这正是"艰难的爱"这个组织机构所倡导的一种方式。这些父母通常会为他们的威胁付诸可怕的行动，即赶走孩子。

学校中也经常有类似的情景，老师会用停学或者劝离来威胁学生，并试图控制有破坏性行为的孩子。但是当威胁不起作用或者学生不被控制时，老师们往往面临尴尬的境地：为了不让自己丢脸，他们这时不得不让孩子停学或者赶走孩子。但是，这更加让学生疏远了课堂，功课也远远落后于其他人。这样的情形多次发生之后，只会让学生永远地离开。

埋下日后犯罪的种子

若问家长们："他们最不愿意孩子遇到什么事情？"多数的回答都是："惹上官司。"怕孩子惹上官司的恐惧，捆绑住家长，让他们无法放弃严厉的管教，甚至将其看作是教会孩子辨别善恶的首选方式。家长们希望严厉的管教可以让孩子们知晓道德，从而成为遵纪守法之人。不幸的是，结果常常与初衷南辕北辙。

为了防止最害怕的事情发生，许多家长都坚信要施行严厉的管教：他们控制、限制、定规矩或命令。如果这些方式并没有让孩子服从，他们就诉之于惩罚。家长单方面制定针对孩子的规矩，孩子若是违反就会招致惩罚。家长们无法容忍孩子的不服从。

但正如我们之前所看到的，严厉的管教并未教养出有纪律的孩子。惩罚式的管教不但没有避免而恰恰引发了犯罪行为。事实证明如此：

• 对有过失行为的青少年的研究表明，无论男女，他们的家庭往往使用暴躁、惩罚、权力式的管教方式。

• 对圣昆廷一所监狱的暴力罪犯进行的调查显示，这些罪犯在 1 到 10 岁时均遭受了来自家庭的残酷暴力。

• 以家中其他兄弟姐妹进行比较，杀人犯往往在年幼时受到过更多来自父母的严厉体罚。

• 在对一组被判断为较易出现犯罪行为的男孩子进行的持续性研究中发现：如果是慈爱型的父母，那孩子最终真正犯罪的概率是 32%；如果母亲慈爱，而父亲会惩罚孩子，那孩子真正犯罪的概率是 36%；如果母亲严厉并且会惩罚孩子，而父亲较为慈爱，孩子真正犯罪的概率是 46%；但是，如果父母双方均严厉并且惩罚孩子，孩子真正犯罪的概率则达到 70%。

•《基尔马丁报告》的作者布莱恩·基尔马丁指出："几乎所有对罪犯背景的研究都显示出，如果看到这些罪犯所挨的父母及其他成人的打，与所受到的各种类型的体罚，你会觉得这些罪犯最不应该不遵守法律。"

• 一份来自俄勒冈州的研究报告显示，学校里故意毁坏的行为与学生受到体罚成正比。体罚越多的学校，其毁坏行为越多。而在较少使用体罚的学校中，毁坏行为也较少。

为什么体罚会给孩子埋下日后犯罪的种子，目前还不能给出精神概括。很可能是下面列出的一个或多个因素：

（1）以父母为“榜样”；

（2）沮丧—攻击的反应方式；

（3）对所有权威（学校行政人员、老板、警察）的敌对反应；

（4）报复心理；

（5）无望及无助（缺乏对自己命运的掌握）的感觉。

无论真正的原因是什么，体罚孩子会埋下他们日后违反法令及攻击别人的种子，起初只是针对手足及父母，再往后就会针对老师及校长，以及针对所有会碰到的权威。

少年法庭的失败

试图通过惩罚来控制孩子却失败的例子，除了家庭之外，另一个是少年法庭。少年法庭曾在 20 世纪初被看作是一种社会进步的标志。少年法庭的目的、大家对其所抱持的初衷是：“为了改变而不是惩罚、是为了提升而不是退步、是要培养有价值的公民而不是罪犯。”

但是，在过去的 20 年里，少年法庭的基本观点及其主要的做法受到相当多的批评。为何会如此？1978 年，在一篇大胆的批评文章《刑事暴力、刑事司法》中，作者查尔斯・西尔贝曼认为法庭的惩罚多于教导。西尔贝曼认为少年法庭“完全是为了孩子”的说法并不正确，而且认为“他们是在帮助孩子重生而并不是惩罚”的说法只是一个神话。下面是一组让人惊讶的数据：在 1974 年，至少有 46 万的少年犯被关在少管所（一种类似成人监狱的地方），平均被关押 11 天；根据 LEAA 的监狱普查，另有 25 万少年犯被关在成人监狱。可是其中有 75% 被拘留的女孩子和 25% 被控告的男孩子，都仅仅是因为一些很小的罪名（那些仅仅为孩子们设立的罪名，比如旷课、滥交等）；被关押的孩子中，只有不到 10% 是真正因为抢劫或者其他的刑事犯罪。西尔贝曼从这些数据中进而推断：法官、警察、缓刑官都更像是将孩子们关押起来（以一种强制并威胁孩子们的方式），通过给孩子们“一点颜色”，让孩子们“有点怕他们”，让孩子们承认自己真的犯了更严重的刑事罪。

在 1974 年的一份同样来自 LEAA 的报告中，更是让人惊讶地看到，有 68 万的孩子还没有被调查审判就被关押。以亚利桑那州为例，所有被关押的孩子中，只有 10% 在审判时才被认定为真正会对社会有危险。

虽然有例外存在，但是许多拘留中心，甚至成人监狱，都会极度压迫、强制、惩罚孩子们。这些都会形成孩子与家庭分离的创伤，让孩子产生被剥夺了个人物品的羞辱感，有对被监禁并且对未来不可知的焦虑感，以及在被体罚时的恐惧感。

如同家长与老师们的做法，少年法庭也试图通过强制惩罚的方式来遏制孩子的犯罪行为。事实证明这样的方式在少年法庭中也不会比在家里或学校中有效。事实上，这样的拘留行为激怒了孩子们，促使他们更加好斗、更加充满怨恨、更加倾向使用暴力。我毫不怀疑这是因为强制惩罚击毁了孩子们的自尊与自我价值感。

孩子们被送进拘留中心或是训练学校后，并没有得到康复而是被残酷地对待。西尔贝曼引用了矫正专家奥斯汀·麦克米考在全国少年法庭会议对所有成员的一段陈述：“如果在恶魔岛（即阿尔卡特拉兹岛，是美国旧金山的头号景点，曾是联邦监狱所在地），典狱长使用训练学校里所用的管教方式来对待犯人，那他一定会丢掉饭碗。”

注意：管教会伤害孩子的健康及幸福感

持有孩子“不打不成器”观念的养育者认为管教是为了孩子好，而且认为这会带给孩子健康和幸福的人生——孩子会感到“更安全”，孩子会更明白要融入什么样的群体，孩子们会更擅长社交从而拥有更幸福的人际关系。简而言之，管教能够帮助孩子获得心理健康并且获得幸福感。杜布森更是将服从权威上升为理论，它认为服从权威“是健康的人际关系所必备的”。

可是这样的信念真的有科学研究支持吗？没有。但是有足够的证据可以证实严厉的惩罚及管教只会让孩子生病——会伤害他们的心理健康。

• 著名的实验心理学家罗伯特 • 西尔斯的研究揭示出，成长在严苛并且实施惩罚的家庭中的 12 岁男孩会有强烈的自罚倾向、事故倾向及自杀倾向。

• 在三个相互独立的研究中均显示，如果家庭中有很多限制并且有过多控制，那孩子们往往会压抑、神经敏感。

• 缺少自尊的孩子们，他们的妈妈往往很少与孩子交流，而是独断专行，并通过惩罚来管教孩子。她们几乎不奖励孩子而是经常惩罚孩子。

• 哥伦比亚心理学家古德温 • 沃森对 230 名研究生，就其家长对他们惩罚的频率及程度，进行了一次详尽的调查。那些受到严苛惩罚的孩子会更加怨恨自己的父母，会更容易反抗自己的老师，与同学的关系会更紧张，更容易争吵、害羞，对爱情不满意，会更易担心、焦虑、内疚、抑郁和哭泣，他们也往往更依赖家长。

1971 年，戴安娜·鲍姆林特做了一项研究，她将父母的养育方式分为若干类，其中一类被命名为“权威型”养育。这类父母都或多或少具有下列特性：

（1）仅用一套绝对的标准来培养、控制、评价孩子的行为和态度；

（2）看重服从及对权威的尊重，以及对传统与秩序的维持；

（3）不鼓励亲子间的互惠；

（4）不鼓励孩子的独立、不承认孩子的个体性。

学龄前的孩子若成长于权威型家庭，则会不够独立，并且以后在“社会责任”中表现平平。

而另一项研究也发现，在权威型家庭中成长的孩子较之同龄孩子，社会竞争力偏低——他们更为内向，不愿意承担社会事务，缺乏主动性。根据心理学家麦克比与马丁的研究，这些孩子很少具有“社会道德感”，而且可以看到他们缺乏自控——他们的控制来源是外界而非内在。

许多实验不断证明：惩罚孩子会造成孩子的心理伤害。明白了这个就会让我们避免那些荒唐的做法。

惩罚的管教方式会对孩子造成情绪的伤害，进一步就会危害社会：孩子在长大后会带有性格上的缺陷，会出现不合群、无法融入工作环境的情况，而且很容易出现暴力行为。

寻求刺激

惧怕家长的孩子还易滋生其他不良行为，如酗酒和滥用毒品。虽然这并不是近年来才有的新鲜事，但是近来利用酗酒和滥用毒品逃避大人权威的做法却越发普遍。

现在，职业运动员使用毒品的丑闻频发，多年前娱乐界也早已开始频繁使用毒品。许多明星死于滥用毒品，比如著名的运动员：伦·拜亚斯和道·罗杰斯。百米纪录的保持者本·约翰逊，也由于赛后在体内被发现了毒品而被没收了金牌。在欧美，体育场中由于醉酒而引发的暴乱往往会造成严重的伤亡。酒驾也已经成为青少年交通事故死亡的第二大诱因。

限制危险物品的供给及售卖并没有起到作用，因为不断有新的方式可以让人们轻松获取它们——摇头丸、大麻、海洛因、迷幻药、可卡因等。

滥用毒品及酒精的原因很多并且复杂，然而希望借助这些物品让自己摆脱焦虑、疼痛、孤独、无望的纠缠，一定是排名靠前的那个原因。

来自同伴的压力，如害怕被伙伴拒绝、失去友谊或者被同伴排斥，也是另一个主要的原因。这些无法拒绝毒品和酗酒的孩子身上缺少自控与自律的能力。根据一项调查，在所有开始饮酒和尝试毒品的孩子中，只有 5%-10% 的孩子会真正沦陷，这个数据非常重要。这 5%-10% 的孩子与其他能够有效控制自己的孩子之间的区别何在？

一个合理的假设是，有些孩子虽然好奇，也接触药物，但还是能够自我控制，这些孩子在平常生活里多半是可以得到充分满足的，不必担忧会失去平时的幸福——比如友谊、生活上某些方面的成就、好的婚姻、自己事业的进步、自信及自尊的感觉。他们对自己的生活有着主动权，这些就是我多次提出的非常重要的“命运决定因素”。

而那些真正陷入酗酒及毒品麻烦的5%-10%的孩子，他们的生活则不尽如人意。他们早早就感觉自己像是一个失败者，他们总是觉得失望，自尊感很低，并且感到无法掌控自己的命运，对未来的生活感到无望。对他们而言，酒精与毒品恰恰提供了一个快速摆脱失望的途径，一个可以让他们短暂找回自信的方式。

虽然经济、社会及环境的因素均会影响我们如何看待自己，但是最大的影响因素则是家庭和学校如何看待我们。我列举了一小部分对惩罚性权威的研究报告，这种来自学校及家庭的权威会让孩子感到生活的不如意，而这会让他们想要报复这些控制他们的人、想要从这个让他们痛苦的环境中逃离。

频繁使用惩罚及控制会给孩子带来很多不幸。我认为那些禁止吸毒，随处可见的“拒绝毒品”的条幅，以及各种恐吓孩子让他们不抽烟、不喝酒的举措，很难获得成功，除非老师与家长愿意学习新的与孩子互动的方式，不然孩子们不会轻易放弃用这样的方式逃离旧模式。

丧失影响力

许多家长及老师对孩子有着重要的、积极的影响力。他们希望教会孩子明辨是非、让他们相信良好教育的价值、希望孩子拥有健康的生活、帮助他们了解如何与他人相处、改掉那些会影响到别人的行为——这些做法能培养出幸福并且高效的公民。但是，选择使用惩罚式的管教，会严重削弱大人对孩子积极而有建设性的影响力。

这就像是一个矛盾体：使用权力——失去影响力。

有很多原因促成了这样一个矛盾体。

首先，权力引发的孩子们的反应会削弱大人的影响力。权力会带来抵抗、反叛、报复、回避、形成对抗联盟、破坏法律等等。

其次，大人以自己的生活经验作为权威的基础来影响孩子，这样的影响力只有孩子对大人充满友善及积极的感受时，才会有用。正如之前所提到的，为了让孩子们接受一个大人的经验、智慧及价值观，这个大人无论是作为老师还是家长都首先应当被孩子们所喜欢、热爱及尊重。孩子们是不会去接受与继承那些想要强迫他们、控制他们或者无视孩子个人需求的这些人的观点。

另外，我们也知道，孩子喜欢那些会尊重他们、信任他们、不滥用权威而且具有亲和力的大人。孩子们不仅会信任并且服从这些人，也愿意效仿他们的行为。

所以，同样存在另一个矛盾体：放弃权力——获得影响力。

我们真的需要听话的孩子吗？

我们需要特别注意，由于权力式管教而导致的孩子对待权威的一种应对方式。所有人都知道，有些孩子面对大人的权威会选择放弃、退避和服从。也正如我不断指出的，对于大人的服从正是权力式养育方式与勇于管教养育方式所最希望看到的结果。对他们而言，孩子的服从正是他们的最高目标。

历史上许多社会都强调对权威的服从，认为那是维护社会秩序以及共同生活准则的必要方式，因此在军队、宗教团体、家庭以及学校中，都将对权威的服从视为道德生活的一部分。在家庭中尤其如此，丈夫或者父亲是“一家之主”，妻子次之，孩子则处在权威之塔的最底层。

一些心理学家们警告我们，这种社会组织架构会被不服从者推翻。

近年来，一些社会学家和历史学家们开始质疑这些传统观点，认为历史上的许多残暴行为，比如纳粹的暴行，正是数以千计的德国军人以“服从长官”为名犯下的滔天大罪：

回顾人类长期而又灰暗的历史，最可怕的莫过于以服从之名投身于反动之中。

一些作者记录了美国士兵在越南战争时的可怕行径——这都是在“服从”长官之命。而那些所发生的上千邪教成员集体自杀的惨剧也是对于邪教的“责任性服从”。更为悲惨的是，那些盲目服从领袖的人将自己的孩子残杀，然后再自尽。

我们不应当将服从权威认为是一种美德，我认为我们更应当将它看作是这个社会常见的一种弊病。这种弊病导致社会所培养的是对别人所说的话不加质疑而盲目跟随的公民——这个过程从家庭开始，在学校得到强化，接下来是军队、宗教教条，甚至工商业机构也不断助长这种弊病。许多证据显示，一味听从他人只会让自己成为别人的传话筒、替他人做事，导致对自己的所作所为没有责任感。

1960 年，耶鲁大学的先锋心理学家斯坦利·米尔格兰及其同事所做的研究，充分地支持了这个观点。

在一项打着“人如何学习”幌子的研究中，米尔格兰告诉研究对象：在学习过程中，学习者如果做错了就要受到电击。研究对象并不知道参与这个过程的学习者只是一名演员，他并不会被电击而只是表现得好像真的被电击了一样——最初只是口头求饶，之后随着电击程度的增加，开始痛苦地呻吟、尖叫，直到最后乞求逃离这个实验。

实验人员（穿着白大褂的权威者）要求研究对象每次在学习者做错题时提高电击强度——按照实验项目中所提前规划的频率提高。

事实上，这个实验真正的目的是想要发现研究对象（那些被命令要执行电击的人）是如何解决这样一种冲突的：服从权威者的命令去提高电击强度，还是看到学习者遭受到痛苦而考虑拒绝服从。这是一个“服从”与“不服从”的冲突。

米尔格兰在这项研究中得到了许多“让人惊讶不已”的结果：

- 有三分之二的研究对象会服从。
- 这些研究对象在这些场景及听到学习者的求救时，均经历了极大的人性考验（“他好像被伤到了”以及“我不能再让他这么叫下去了”）。但是，大多数的研究对象在被要求提高电击电压时，还是照做了。
- 之后，一些研究对象承认自己确信自己所做的是错误的，但是他们却无法不服从权威。

米尔格兰与这些服从指令的研究对象进行了面谈，得出一个结论：这些研究对象都无法对自己的行为负责。每个人都不认为自己可以不去执行这样一个违反道德的行为，而只能服从外在的权威；他们只是“在完成他们的任务”。米尔格兰总结道：“这种责任感的缺失恰恰是服从权威的直接结果。”这个经过认真设计并且具有创造性的实验，清楚地反驳了以往的观点：教会孩子服从外在权威会带给他们自我管控力与责任感。米尔格兰的研究恰恰证实了与其相悖的结论：对权威的服从带来了自我管控与责任感的丧失。

近年来儿童性侵案频繁发生，儿童对权威的服从也在其中起着重要的作用。不断有报道说大多数的孩子遭受到来自家人或者熟人的猥亵。孩子们往往被教育要尊敬大人的权威、要服从大人。在这些案例中，孩子们对这样的性侵行为感到困惑，他们不清楚这是错误的行为。孩子们所受到的“不可以挑战大人权威”的教导也让这些性侵得以发生。简而言之，正是亲子关系中权力的不均等，使得受到侵犯的孩子不去抵抗伤害他们的大人，正如罗兰德·萨米特所说的：

> 被性侵的孩子们最初往往是醒来时发现他们的父亲（或继父、或是母亲的同居者），正在用手或者嘴抚弄他们的身体。也有少数的孩子是被男性的阴茎侵犯。类比成人世界里的强奸行为，这本来自然是会让孩子们抵抗、哭着求救或采取其他可以让自己逃脱的方式。但是几乎所有的孩子都放弃了，最常见的反应是“继续装睡”、换一个睡觉姿势或者拉紧被子。小孩子不敢寻求他人的帮助来应对这样的伤害。无处可逃时，他们只能努力将自己藏起来。孩子们学习了如何应对夜晚的恐惧，如何获得魔力来应对会出现的怪物，但是他们却不知道如何面对这样来自人类的侵犯。

最后，我想提供一张我的处方给家长们——也适用于所有人：

我们的社会应当尽快找到并普及更为有效应对他人（无论是应对大人还是应对孩子）的方式，而不是继续使用权威和权力。这种有效的方式可以带给人类足够的勇气、自主和自律，能够让我们抗拒那些来自权力的控制，让我们重新找回在服从中渐渐消逝的良知。

在接下来的篇章中，我将提供给家长和老师们一些可行的方法——如何在不利用权力、不强迫孩子的情况下，更有效地与孩子们互动。我相信对许多读者而言，这些方法会帮助我们的孩子成长为自主、负责、有目标、自控并且自律的人。我认为这些特质是一个真正健康、民主的社会公民身上所应当具备的。

第二部分
其他的管教方式

12
双赢
规则
接纳
他律
9
3
"我—信息"
自律
倾听
6
管教

6

第六章 改变孩子行为的非控制型方式

· 孩子们并不是真的要捣乱 ·

· 谁“拥有”问题？ ·

·“我—信息”带给自己的变化 ·

为何几个世纪以来，人们所依赖和使用的控制型管教方式在改变孩子行为上收效甚微？为何尽管收效甚微，可是大人对这种方式依然如此依赖？为何大人会执着地认为他们只有这一种管教方式，尽管这种管教方式让许多孩子反抗并且想要逃脱？为何大人在孩子们进入青春期后，还会继续使用这样一种已经毫无效力可言的方式？

30 年来，与家长和老师们一起工作的经验给了我这些问题的答案。一个简单的原因就是：大家能想到的管教方式除了控制就是骄纵，而没有人真的喜欢骄纵孩子，或者骄纵任何人。前面章节中我也对这样非此即彼的模式做过探讨。若就这两种方式比较而言，多数大人认为：控制比骄纵好一些；权力掌握在大人自己手里，比掌握在孩子手里会好很多；控制孩子，总会好过放任自流。

看到无纪律、无限制的孩子带给家长与老师的困扰，我也完全支持这些对骄纵持怀疑态度的家长。骄纵只会让大人的生活很不幸，而孩子也会成为不顾及他人感受、自私、不被他人喜爱的孩子。

很不幸，只有极少的家长和老师知道，除了控制与骄纵我们还有其他的选择，还有其他方式可以有效地影响孩子们，并改变他们那些不恰当的行为，这样的方式可以保护双方在人际关系中都能满足自己的需求。

从 1950 年开始，我就一直致力于发现、发展这样一种非权威、影响他人的方式，并将其分享给更多的人——这是我个人的职业愿景。正是在 1950 年，作为芝加哥大学里针对教育及宗教领袖的领导力培训项目课题组中的一员，我开始探寻并且尝试这种方式。

以我曾经作为咨询师与治疗师的经验，我深信自己在咨询培训中所学习的沟通技巧正是这些领袖们（经理、行政管理人员、督导）想要建立有生产力的团队、想要激励组织成员，并且想要满足组织成员需求的技巧。因此，这拉开了我在商业、工业、政府组织做了10年领导力培训的序幕，这个培训致力于引导管理层从以往的“用奖惩控制员工”调整为开始真正地“影响员工”。

当我意识到亲子关系也非常接近于这种老板—从属的关系时，我在1962年为父母们设计了适用于他们的“领导力”培训。这个培训很快就获得了成功，它首先吸引了来自洛杉矶的家长，接着是来自旧金山及圣地亚哥的家长。这个被称作父母效能训练（P.E.T.）的课程最终获得了更多人的信任，并有很多人希望能成为这个课程的讲师。在之后的五年里，P.E.T. 课程在更多州开展了培训与授权。

现在，有上万的家长在认证讲师们的带领下完成了自己的P.E.T. 课程。这些认证讲师来自各个州及25个其他国家。1987年是P.E.T. 课程25周年纪念，这门课程经历了四分之一个世纪。这个经验给了我足够的证据，让我相信，许多家长都可以学习并且在家里应用这样一种新方法、新技巧，这种方式极大地转变了他们的养育方式、提升了家庭生活的质量并且培养出了自律的孩子。

多年后，一些学校的行政主管人员邀请我将P.E.T. 课程介绍给学校里的老师。这进一步鼓励我设计了教师效能训练（T.E.T.）课程。从那时起，T.E.T. 讲师们也在全美及其他一些国家，为十几万的学校管理人员、咨询人员、学校的心理专家及老师们提供了培训。T.E.T. 课程也证明了老师们也可以学会并使用这样一种新的无须使用权力的技巧，从而减少班级里的干扰行为，有效地提高孩子们的学习成绩并保护了孩子们的心理健康。

在本章，我将介绍这个方法和技巧。一开始，我会介绍如何用这种方法来面对年龄较小的孩子——他们的语言和沟通能力尚未发展成熟。接着，我会介绍更多可以用来进行双向沟通的技巧。

在此之前，需要对 P.E.T. 及 T.E.T. 课程进行一些解释。在不久之前，我还认为这个培训体系是为了提升大家的效能，是教授大家一些新的人际沟通技巧，为大家提供一种新的解决问题的方式。但是，我越来越发觉这样的表述并不够完整且有少许误导——让这个体系听起来像是技术导向的培训，而未能全面地呈现出这个培训带给家长、老师和孩子们的所有帮助。

除了在培训时教授大家技巧与手段外，P.E.T. 与 T.E.T. 课程也给大家提供了一套颠覆性的思维方式、一种全新的角色判断、一种新颖的领导力方式，以及与传统截然不同的一种与孩子们的相处方式。

就像许多完成课程的学员所经历的，若要发生这样彻底的改变，需要对管教、权力及权威在态度及认识上有根本的转变。参加完课程后，大家会发现自己在与孩子的沟通中不再渗透着权力，较少使用那些让自己显得高高在上的语言，比如，权威、服从、要求、允许、定规矩、剥夺、管教、惩罚、限制、禁止、加强管理和尊重权威。课程结束后，学员们对于家长或老师的角色有了新的定义，更多开始使用下面的词汇：协助、咨询、朋友、倾听、解决问题、参与、协商、帮助。下面是一位参加了 T.E.T. 课程的小学老师的个人体会，我们从中可以看到她的转变：

我过去总是会试图通过一些预设性的问题来控制学生。比如:“同学们，如果我们在图书馆里，我们需要安静吗？”接着学生们一定会回答:“需要。”“我们可以跑来跑去吗？”“不可以。”无论是要去远足，要进行消防练习或是班级有访客时，我总是会让大家做这样的预演，而且孩子们总是会答应得好好的:“我们绝不跑。”可是，他们依旧会跑、会相互推搡、会大喊。等到大家回到教室后，我会问大家:“你们说到做到了吗？”他们通常会说:“是的，我们做到了。”

在 T.E.T. 的课堂上，我决定要做些改变。我打算尝试第三法（问题解决法）解决在班上一个存在已久的麻烦：休息后按时回到班级。孩子们排起队来总是拖拖拉拉，我必须要出去冲着他们大喊大叫，然后他们才会排队走进教室，这要用至少 10 分钟。等大家回到教室，我就会说:“上课铃声响了，你们应该继续玩吗？”“不应该。”“那么铃响了，你们该做什么？”他们会一起回答:“排队。”接着我就会说:“从现在开始，我再也不想喊着让你们排队，可以吗？”他们会说:“可以。”但是，第二天，我依旧在那里对着他们大喊。

你或许无法相信，这周，我没有再问这些问题，而是直接说出我的想法和感受。我告诉大家，大声喊他们排队让我感觉很累，而且我也很害怕校长看到我们班这样浪费时间而给我一个差评。接着我又反过来听他们讲。我真的无法相信自己所听到的。他们说他们很讨厌站在太阳下面，还要等我给出指令，他们不明白为什么一定要排队。他们觉得无法理解铃响后他们需要先排队再回教室。我说通常大家都是这么做的。他们问:“为什么？”我想了很久，但我确实想不出来任何原因，唯一知道的是大家都这么做。

可是孩子们不接受这个说法。接着我们决定来看看我们各自的需求是什么？我希望他们能在铃声响后，有秩序地尽快从操场回到教室。而他们则不想在太阳下排队，不想在那里站着被太阳晒上五分钟甚至更久，只为了等我接他们，然后像士兵一样列队回教室。之后我们决定尝试一个孩子们提出的方案：铃声响后，他们就回到教室，而我从教师休息大厅直接到教室去。

之后的三天，我们就按照这个办法执行，这个办法太棒了。我们不仅节省了排队的十分钟，也节省了之后我要对着大家讲话的时间。我也不必要先跑去操场。最大的区别是我们进入教室时的感受也不同了。以前，我和孩子们的心情总是由于排队的冲突而久久不能平静。现在，我们进入教室时都感觉很舒服，我们也不会彼此抱怨。这也让整个下午都有了舒缓的氛围。在这个问题的解决过程中，我认为最难的部分就是孩子们让我认识到，自己的确没有让他们一定要排队的理由，排队只是为了实现需求的一种方式，而且，偏偏是一个不怎么样的方式。

孩子们并不是真的要捣乱

P.E.T. 与 T.E.T. 课程从根本上改变了家长及老师眼中孩子的行为。许多家长和老师会将孩子的行为分成“规矩”与“捣乱”两种，并从孩子很小就开始将其行为贴上了“好”或者“不好”的标签。在我们的培训课程中，家长与老师会看到事实上孩子并不是真的爱捣乱。

有些词汇是专门应用在孩子身上而无法用到成人身上的。我们不会听到人们这样说：

“我先生昨天很捣蛋。”

“昨天晚上在家里聚会时，有个客人很爱捣乱。”

“午餐时，我的一个朋友很不注意餐桌礼仪，气死我了。”

“公司的员工最近都很爱捣乱。”

显然，我们认为只有孩子会捣乱。“捣乱”是一个家长或老师才会用到的词汇，这多少可以反映出传统中大人看待孩子的角度。这个词也几乎出现在了所有我读过的养育类书籍中——我读过不少此类书籍。

无论具体情况是什么，只要孩子们的行为与大人的预期不一样，大人就会说孩子在捣乱。说孩子在捣乱，明显是大人根据自己的价值观做的判断。当孩子的行为带来大人不想要的结果时，他们就说孩子在捣乱，完全是站在大人的角度下来判断。这个行为的“坏”只是大人所认为的，而并不是孩子认定的；事实上，孩子们只是在做一些满足自己需求的事情。

换句话说，是大人预设了这个“坏”。更准确一点来描述，是孩子行为可能产生的后果让大人觉得这个行为不好，而并不是这个行为本身就不好。

当家长或老师们意识到这个关键点时，他们对待孩子的态度会发生大的转变。他们会将孩子们的行为只看作是行为，看作是孩子们用来满足自己需求的方式。当大人将孩子们视为如同成人一样独立的、会想办法满足自己需求的人时，他们就会避免评价孩子的行为。

当大人明白了孩子并不是真的要捣乱，他们自然也会接纳孩子的行为。孩子们并不是为了满足大人的期待去做一些事，当然也不是故意要违背大人去做一些事，他们的行为只与自己个人的“幸福有关”。孩子们不是故意捣乱或者故意使坏，他们所做的事情只是为了满足自己的需求。

只有当家长和老师有了这样一个重要的转变，只有当家长和老师更理解了孩子的行为动机，他们才会真正开始接受这个新方法的逻辑——既可以应对孩子的不可接纳行为，又不使用权力。

谁“拥有”问题？

为了让大家更容易理解这个转变，我们使用了“问题归属”这个概念。当孩子们正在做的事妨碍了你自己需求的满足，那就是说由于孩子的行为给你带来了麻烦，他的这个行为不可以被接纳。这时，恰恰是你“拥有”问题。

在课堂上，我们会让家长和老师们尝试想象眼前有一个长方形的窗户，我们通过这扇窗户来看孩子们所有可能的行为。有些行为可以被接纳，有些行为无法被接纳。不可接纳的行为被置于窗口的底部区域，这块区域称作家长拥有问题的区域。

行为窗口

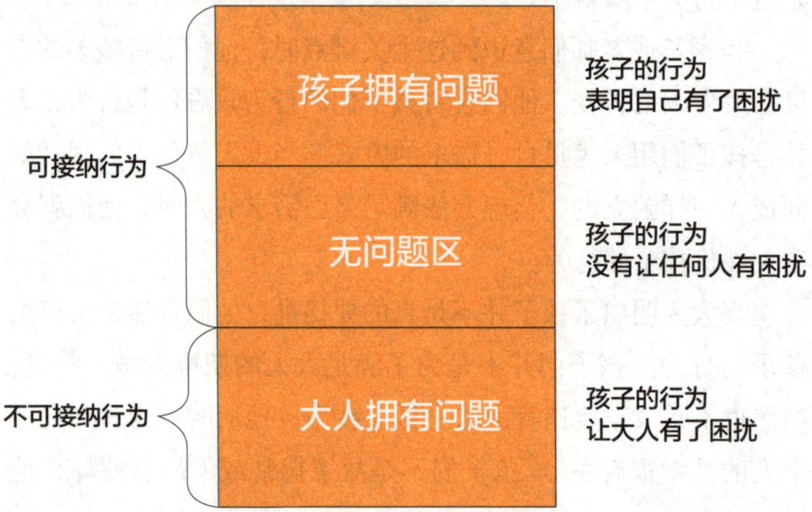

这个长方形的最下面一部分指一些常见的孩子的行为，它们会给大人带来困扰（大人拥有问题）：大人在接电话时，孩子大声吵闹；大人很匆忙时，孩子依旧懒懒散散；孩子穿着脏鞋走进卧室；大孩子拿着积木砸向弟弟；孩子开玩具电动车速度过快。

在这个长方形的顶端显示的是“孩子拥有问题”，即我们通过孩子们的行为知道他们有了困扰。比如，没有伙伴一起玩，孩子看起来很沮丧；孩子被同伴拒绝；青春期的孩子为自己的体重感到烦恼。这些是孩子们自己的经历，与大人无关。

这个长方形中间的区域是“无问题区”，即孩子自己没有困扰，孩子的行为也没有给任何人带来困扰。这通常是亲子相处愉悦的时候——孩子们或许正在独立、开心地做着自己的事情，也可能是孩子与大人们一起做着什么。

在本章，我将会介绍当孩子的行为带给大人困扰时，如何让孩子们改善行为。在后面的章节中，我会讲解如何帮助有困扰的孩子。

方法一：找到孩子的需求

6个月大的芭芭拉，半夜开始大哭起来。她的爸爸妈妈被吵醒了，他们自然不太开心。但是怎样才能让芭芭拉不再哭了呢？他们开始猜。寻找婴儿哭闹的原因很像是猜谜：

尿布湿了吗？没有。是因为没有拍嗝，胃里的气让她不舒服了吗？我抱起她开始轻轻拍背。又猜错了，没有拍出嗝。是饿了吗？她的奶瓶里还有奶，但是奶瓶却倒在婴儿床的一边。我把奶瓶拿过来。猜对了！她开始吃奶，然后又睡着了。我尝试将她抱回自己的婴儿床，成功了！她又继续睡了。现在我也可以回床上继续休息。

对于婴儿，家长们要经常猜——当宝贝不停地哭闹、当他们不愿意休息而只是烦你、当他们不想睡觉、当他们把食物扔到地上、当他们很无聊时，都需要家长猜。请记住：当婴儿的行为让你无法接纳时，行为背后一定有原因——孩子只是想要满足自己的一些需求。当家长着眼于寻找孩子的需求而不是死盯着孩子的“捣乱”行为，当他们为孩子提供帮助来满足暂时还不能由孩子自己满足的需求时，孩子们的“捣乱”行为就会停止。

当小婴儿和学步儿们逐渐长大开始学习说话后，这个猜谜游戏会越来越容易。家长们只需要能在与孩子沟通的过程中听到孩子的需求就可以，就像下面这些例子：

“我肚子疼。”

“鲍比拿走了我的球。”

“为什么我要去睡觉？”

当然，家长们有时也会问一些简单的问题，比如：

“你为什么哭呢？”

“你想要什么？”

“你为什么要打弟弟呢？”

“为什么你没有准备好？”

孩子的答案或许就会告诉你一些线索，帮助你改变孩子此刻让你困扰的行为。

方法二：做个交换

另外一个不通过使用权力而改变婴幼儿不可接纳行为的方法称作“交换”：用那些对你来讲可以接纳的行为来代替这些不可接纳的行为。

罗拉是一个1岁的孩子，她对这个世界充满着好奇，她发现你的长筒袜非常好玩。可是你担心袜子会被弄坏，你不想她玩你的袜子。于是你从抽屉里拿出另外一双已经有点旧、有点破的袜子。之后你将这双袜子放在她的手里并且轻轻地拿走她手里原来的那双。罗拉，并不在意这两双不同的袜子，旧一点、破一点的袜子依旧让她玩得很开心。她的需求得到了满足，你的需求也是。

当大人开始想着用这样的方式，他们自然会不再急于通过权力或权威的方式来惩罚那些“捣蛋”的行为。

方法三：调整环境

许多家长和老师们凭直觉就意识到他们可以通过调整环境来改变孩子的不可接纳行为，而不需要去逼迫孩子做改变。大家或许都有过这样的经验：如果你给一个正在哭闹或是很无聊的孩子拿来橡皮泥、手指颜料、拼图或是绘本，孩子会忽然安静下来开始玩耍。这个叫作“丰富环境”，在很多幼儿园里，老师们每天都在使用这个办法。

有时，也需要反过来操作。比如，如果孩子们在睡前很容易兴奋、活跃，有些家长会在这个时候“简化环境”，让过度活跃的孩子在一个童话故事或是一天生活的分享中渐渐平静下来。如果家长能在睡前减少刺激物，就可以有效地帮助家长，来平稳地度过睡前这段极易引起双方冲突的时光。

此外，也可以通过一些儿童安全防护措施避免学步儿遭遇危险，比如：

添置不会被打碎的杯子；

将火柴、刀、刮胡刀放在孩子们够不到的地方；

将药物及尖锐的物品锁起来；

将地下室的门锁起来；

在滑的地板上铺上垫子。

调整环境的原则是限制环境而不是限制孩子。

学前教育的老师们都很擅长通过调整教室的环境，来避免那些干扰性或者不可接纳的行为。因此，在一个典型的学前教育机构里，孩子们总是很忙、不会干扰别人而且还很安静。这些老师们均接受过培训，知道如何丰富教室环境，从而避免孩子们感到无聊（无聊往往是出现不可接纳行为的原因）。一个好的学前老师就像是有个宝盒一般，可以不断拿出让孩子们感到有趣的宝贝。他们懂得善用每个人的才能，根据孩子不同的兴趣安排不同的活动。

当然，一个好的学前老师也懂得何时简化环境——减少对孩子们的刺激。他们会调暗教室的光线，安排一段安静的时光，或是让孩子们练习那些“专注技巧”：画画、看一段影片或者读故事。

对于更小一些的孩子，限定环境能阻止许多不可接纳的行为——某些活动的指定区域（比如只在餐厅或者车库里画手指画），在某个区域内的一段时间里只允许一定数量的孩子。

有时，孩子们所处的环境过于狭小，也会导致他们出现不可接纳行为。能够敏锐地觉察到这一点的老师就会带大家来到户外，将孩子们的环境由室内拓展到室外——来一段学习之旅、在运动场或阅读室里学习、与其他班级一起上课或是来到田野里学习等等。

教室或者家里的环境对于孩子们而言有时会过于复杂，他们无法掌控。尤其是对于学步儿，他们不得不去适应这个为大人们准备的环境。如果环境里有太多大人制定的规则、规定、流程，而孩子们很难做到，他们就会出现不可接纳行为。老师和家长们只需简单地将孩子们所需要的东西放在他可以够到的地方；将需要孩子遵守的规则海报张贴在他们可以看到的地方；为他们准备好踏凳；在抽屉、橱柜、文档及存储区域里贴好标签。

方法四：面质性“我—信息”

面质性“我—信息”是用一种没有责备、没有评价的方式告诉孩子们，他们的不可接纳行为所带给大人的困扰，比如：

“电视声音很大，我都听不到妈妈在说什么了。”

“如果刚种的花被踩了，那我就不能欣赏开花了。”

“如果教室里大家都大声讲话，我就没有办法听清任何人说的话了。”

“如果上学前我要等你很久，那我会迟到，我的老板会对我发火。”

效能训练的一个目标是鼓励大家更多地使用这样的“我—信息”，用这样的“我—信息”来代替传统的、带有谴责与强迫意味的“你—信息”。“你—信息”往往意味着过多的责备、评判、评价、批评与强迫。“你—信息”是大人将孩子的行为看作“捣蛋”时会使用的一种语言表达方式，比如：

“你明知故犯。”

“不要吵了，不然我要请你出去了。”

“你该为自己的行为感到羞耻。”

“你快把我逼疯了。”

“你要是不收好衣服，看我怎么揍你。”

“你吃饭时就像猪一样。”

“你真是让我头疼。”

“我—信息”让大人承担起自己该负的责任（因为此时正是大人“拥有”问题），这时是大人希望孩子们能改变行为。如果孩子们没有因为自己的行为被贬低、被责备，他们会更愿意协助你，更愿意通过调整他们的行为来配合大人。

而当孩子们听到“你—信息”时，他们会感觉被责备和贬低，会开始防御和抵抗。“你—信息”伤害了孩子们的自尊，也自然会引起孩子们用“你—信息”抵抗，让情景进一步恶化成为相互的语言伤害。这样的语言伤害会让双方都感到受伤与难过。

如果大家留意一下，会发现普通对话中的“你—信息”出现频率高得吓人。大家都感觉自己只不过是诚恳地说出自己心里的想法，大家会坚持说：“我真的不愿意责备自己的孩子，我自己就已经尝够了被别人说的滋味。”可是，为何“你—信息”还是如此普遍呢？

似乎用“你—信息”更容易一些。这些话能随口而出，并且将本来该我们自己承担的责任转嫁给别人。“你—信息”也是一种简单、冲动、粗暴的方法。但是，这个方法的效果却不尽如人意，而且往往会招致孩子的抗拒。“你—信息”有如此多的弊端：

引起双方的争论与争吵；

让孩子们产生内疚感、自我贬低，感觉被批评，受到伤害；

会让孩子产生报复的想法；

相互的沟通中缺乏对彼此的尊重。

放弃“你—信息”，学习使用“我—信息”，这也是掌握一种新技巧。当家长和老师们接受了“在孩子出现不可接纳行为时，是大人自己‘拥有’问题”这个观点，他们就会在认知上发生巨大的变化。

若是对很小的孩子，他们无法理解你的语言形式的“我—信息”，那么就需要发送非语言的“我—信息”，比如：

爸爸带着小唐尼去超市，唐尼开始踢爸爸的肚子，边踢边笑。爸爸马上放下唐尼，并且揉着自己的肚子，继续朝前走。（非语言的信息：“你这样踢我的肚子，我很痛，我不能再这样抱着你走了。”）

妈妈的时间很紧张，可是朱迪却拖拉着不上车。妈妈将手托住朱迪的屁股，轻轻抱着她坐上车。（非语言信息：“我很着急，需要你赶紧上车。”）

“我—信息”除了会带来孩子行为上的变化，同时也让孩子知道家长和老师也是人：他们也有感受、需求和局限。“我—信息”意味着大人和孩子有着共同点。“我—信息”还有一个功能，就是让孩子们意识到自己是在帮助别人。“我—信息”的潜台词是：“你的行为让我碰到了麻烦，我需要你的帮助。”

让我们想想自己小时候的经历，当你听到别人需要你的帮助时，你会非常愿意去改变自己的行为。但是如果听到责怪和威胁时，则不愿意——如下面那些话：

“你就是个坏孩子。”

“马上回到房间去。”

“你怎么像个小孩子似的。”

“别弄了，不然我用梳子敲你。”

“再也不许这样做。”

“你毁了我的一天。”

“你是要把我逼死吗？”

“我—信息”可以被称作是“有责任心的信息”，原因如下：

（1）发送“我—信息”的大人是在为自己内在的状态负责（他需要倾听自己的感受），并且要负责任地、坦诚地和孩子分享自己的感受；

（2）“我—信息”将改变行为的责任留给孩子——这与逼迫孩子改变行为的做法不同。

同时，使用“我—信息”也避免了对他人的负面评价，这与“你—信息”恰恰相反。“我—信息”会让孩子们愿意为他人考虑并且愿意提供帮助，而“你—信息”则会让孩子们产生抵抗与怨恨。

“我—信息”满足了有效面质的三个重要准则：

（1）能调动主观意愿发生改变；

（2）把对孩子们的负面评价最小化；

（3）不会伤害关系。

下面是一个老师第一次尝试“我—信息”的经历：

我不太愿意对孩子们尝试“我—信息”。这些孩子太难管理。终于，当一组孩子用水彩颜料把教室后面的盥洗池附近搞得一团糟时，我鼓足劲传达了一条语气强烈的“我—信息”。我说：“你们把盥洗池和台面弄上了这些颜料，还洒在了墙壁上，接下来我就要一点点擦掉它们而且可能会被学校的督导大骂。每次你们弄完都要我来收拾，而我也毫无办法阻止这些发生。”然后我停下来，看看会发生什么。我内心想他们一定会嘲笑我，并且会丢下一句“我们才不管”。可是，这都没有发生。他们站在那里看了我一会儿，很惊讶地发现我真的很沮丧。接着一个孩子说道：“让我们来清理吧。”我彻底被折服。这帮孩子从来就不是那种乖乖学生，但是现在他们每次在弄完颜料后，都会把水池和台面收拾得干干净净。

这位老师的经历并不是个例。许多老师想要对学生们发出面质性信息都需要勇气，这意味着你要在孩子们面前袒露自己。但是，一旦他们尝试之后，就会发现那些之前被他们看作“坏”或者“不替他人着想”的孩子都显示出了“体谅他人”的那一面。

另一位老师的经历体现了将那些责备人、让他人自责的

“你—信息”转变为“我—信息”是多么的不易：

虽然我很清楚“你—信息”破坏了我与孩子们的关系，却还是很难转换为使用“我—信息”，这个过程很艰难。我之前受到的教育说，使用“我”作为主语是不礼貌的。我记得如果我写作文时总是写我自己，那就会被老师用红笔全部勾出来。更糟糕的是，在我小时候，就被教导“不要让他人知道自己的感受，因为那就意味着软弱”。虽然我现在一直在努力改变，但是我始终很难搞清楚自己的感受。我好像总是很沮丧，我需要知道这沮丧的背后到底是什么在困扰着我。

当老师们开始发展出内在安全感，开始说出自己的感受，学生们就会开始将老师也看作是一个真正的人——一个也会失望、会受伤、会生气、会害怕的人。学生眼中的老师开始变得真诚，因为老师们也有自己的弱点，也会有不足——就像是学生自己一样。

一个好的“我—信息”里不应当有解决方案，比如：“你该这样这样”“你就该这么做”“我觉得你该这么办”。应当允许学生自己想出解决方案来帮助大人。你会惊讶地发现孩子们的解决方案是如此具有创意和智慧，有些解决方案是大人无法想到的。甚至2到3岁的孩子也具备这样的能力，就像下面这个例子所讲的。3岁的马克由于非常害怕而无法入睡，他总是会跑到爸爸妈妈的卧室吵醒他们。他的妈妈分享了这个经验：

他说过自己害怕房间里的一些东西。他白天的时候很喜欢那些怪物，可是一到晚上就会很害怕。他总是会走进我们房间来到我们床边。我们会说：“马克，你知道吗，如果你能待在自己的床上我们会很感激，我们也需要休息。你进来叫醒我们，我们第二天就会很累，会容易烦躁。”前面的十次他都没有什么回应，但是最后他做到了。他会起来后放自己的唱片机。我们又告诉他唱片机同样会把我们吵醒，他简直太可爱了，他想到了只开着转动唱片，这样就能只听到唱片空转的嗡嗡声了。那就会让他觉得很舒服，那个嗡嗡声也不会干扰到我们。

一位父亲与我们分享了他儿子想出的一个天才主意，他的儿子当时弄坏了他新买的草皮。

我回到家后，发现盖瑞的街头曲棍球网放在车道边上，恰好在我刚买来种上的草皮中央。刚刚出芽的草皮上有很多脚印。我对他传达了一个很强烈的“我—信息”，告诉他我看到新买的草皮被弄得一团糟，心里非常不舒服，我不想再花时间、花功夫重新铺草皮。他“嗯哼”了一下就继续去看电视了。几天后，我回家时看到他和四五个邻居家的孩子在玩曲棍球，这次球网摆在了车道上。我注意到，他们没有踩草皮，而是跳过去了。我告诉孩子们，我看到他们做出了改变。一个孩子说：“谁踩上一个脚印，谁就会被罚射一球。”我不知道他们是怎么想出来这个主意的，真的太有效了，我自己绝对想不出来。

孩子们在出主意方面极具天赋，因为他们总是会想尽一切办法去做自己要做的事情。你会发现他们的小脑袋一刻不停地在找办法，既能满足大人的需求，也能让自己继续做自己想做的事。下面的经历也让提姆感受到这一点，他这样分享：

和我一同参加 P.E.T. 课程的一位妈妈，为了迎接客人，把唱片机擦得光可鉴人。那天下午，她 4 岁和 7 岁的儿子想要听唱片，她很担心唱片机上会印上指印，她没有说“要放唱片就来找我”，而是发送了一条“我—信息”：“我很担心你们打开盖子时会留下指印。那客人来之前我就得又擦一遍了。”7岁大的儿子想出了一个很有创意的办法：他小心地拉下衣服的袖子，套在手上，打开了唱片机盖子，没有留下任何指印。

有一点值得重申：我们一直都低估了孩子的能力，请给他机会让他告诉你他的能力。

方法五：预防性“我—信息”

如果将来要发生一些事情，而家长和老师希望在这些事情发生时，他们自己的需求可以得到满足，并得到孩子或学生的支持与协助，这时就可以使用预防性“我—信息”。

面质性“我—信息”的目的是要对方改变其已经出现的不可接纳行为；预防性“我—信息”则是提前告诉对方你自己的需求是什么。

提前让对方知道你的需要，就允许对方有机会参与到你的计划中。这避免了不必要的慌乱，孩子们也有心理准备来调整他们的行为以符合你的期望。下面是一些表达清晰的预防性“我—信息”：

“如果你放学后没有马上回家，记得和我说一下，这样我就不会由于你没回来而一直很担心了。”

“我们最好现在就来想想周末出发前都需要准备什么，这样就能确保不会有什么疏漏。”

“下周我们会去博物馆，我希望我们现在就来想想需要注意些什么以避免出现问题。”

“奶奶会过来和我们住一周，我们一起想想我们需要做点什么可以让奶奶和我们很开心地过一周。奶奶大多数时候都需要轮椅，我们一起来想想家里哪些地方可以做些调整，这样她会在这里过得比较舒服。”

我们一次次地看到，家长和老师们惊讶地发现原来孩子们真的如此配合。他们通常会回答：

“我们不知道该做什么。”

“你从来没有这么问过。”

“我真高兴你告诉我了。”

原来，很多家长和老师们的需求未被满足的原因在于，他们从未问过孩子们的建议，或者他们强硬的态度激起了孩子的抗拒心理。

预防性“我—信息”会告诉孩子为何要这样做，避免了说话中流露出强求、权威与强势的意思——正如下面这段话：

“我决定重新开始工作，这样就可以缓解家里的经济压力。同时，我也希望工作中能将我参加培训时学习到的技巧加以应用。之后，我会需要大家的帮助一起来分担以前我一个人承担的家务活。”

预防性“我—信息”不仅对你自己有益，孩子们也会同样受益，比如：

（1）你会为自己负责，为自己的需求和感受负责；

（2）他人也会了解到你的需求，以及感受到你对他们给予支持的感激之情；

（3）你示范了如何开放、直接、真诚地沟通，这会让他们也开始仿效；

（4）由于不了解对方的需求和感受而产生的冲突和紧张，无形中减少了；

（5）你会为自己的计划负全责，也会为自己的需求做准备；

（6）由于沟通中的激发、真诚和互惠，你们的关系开始朝着健康的方向发展。

预防性“我—信息”同样让孩子们了解到自己的家长也是普通人——他们也会有自己的需求、偏好、心愿。当然，这些“我—信息”也让孩子们渐渐了解到什么事情会让家长开心。

下面案例中的那位妈妈独自抚养着三个青春期的孩子。有一次，她要参加教师家长联谊会，于是她给儿子道恩发送了一条预防性“我—信息”。

我感觉道恩和我贴心多了，我会告诉他我的感受。前几天的一个晚上，有一个家长教师联谊会。他要在会场上表演吉他弹唱，他希望我能参加。但我以前从未去过，而且不想自己孤零零地坐着，没人理会我。所以我说：“我从来没有参加过这样的活动，我感觉有点害怕，你能在那儿陪我吗？”他真的做到了！他带我进去，给我介绍了很多人，还给我倒了一杯水。他真的在照顾我。

方法六：通过“换挡”来减少“阻抗”

当我们发送完“我—信息”后，你会惊讶地发现，孩子们经常给我们建设性的帮助，但是他们偶尔也会抵抗和防御，感到内疚、郁闷甚至是受伤。也不难理解为什么“我—信息”有时会让孩子们产生负面感受，因为这些信息是要让孩子们改掉他们习惯性的行为。即便你发送了一个完美的“我—信息”，孩子们也会感觉不舒服，此外，也没有人喜欢听到别人说自己的行为不可接纳，或者是自己的行为带给他人麻烦。

所以，当你看到这些再普通不过的反应时，不断坚定地重复是没有用的——坚定地重复往往是一些提倡管教的培训课程中所建议的。如果你不断地重复自己的坚定信息，那孩子们听到的是：“我需要你如此如此，至于你需要什么，我不在乎。”

当你看到孩子开始抵抗时，你需要从发送信息的姿态转换为倾听、理解的姿态。这样的转换让孩子感受到的是“我刚才的话让你不舒服了，我很在乎你的感受”“我愿意等会儿再解决我的问题，我想先听听你的感受”。这样的换挡技巧（大家可以将其理解为从前进挡转换为后退挡）让他人知道，你不会剥夺他人的利益来满足自己的需求。而你也不会忽视自己的需求，你会去进一步分析“我—信息”中究竟是什么引起了他人的负面情绪。这样可以进一步找到让双方都能接受的解决方法。

换挡有时能马上释放孩子的抵抗情绪，当知道自己的感受被大人接纳后，孩子们就会自己来决定要不要改变自己的行为。当孩子们发现大人理解他们改变行为并不容易时，反而会更容易改变自己的行为。下面这段爸爸与女儿之间的互动可以让我们看到换挡会即时见效：

爸爸：我看到水池里还有晚餐的盘子，真让人失望。我们不是已经约定好了你在晚餐后会立即洗碗吗？

简：今天我觉得很累，昨晚做作业做到了凌晨三点。

爸爸：哦，晚饭后你很累，有点不想洗碗了。

简：不是。我想先休息一下。我会在晚上睡觉前把碗洗掉。可以吗？

爸爸：我觉得没问题。

接下来也是一个换挡的例子，老师在面质一个经常迟到的学生：

老师：阿兰，你迟到了真的会打扰我。你进来时，我需要停下来正在做的事情。这样会分散我的注意力，我觉得很难受。

阿兰：嗯，最近这段时间我有很多事情要做，有时没法按时赶到学校。

老师：（转为倾听）哦，我明白了。你最近有了一些新的问题。

阿兰：是的。第三学期后，塞勒先生让我在他的化学实验室里帮忙，为第四学期做准备，我喜欢去帮忙。

老师：（继续倾听）塞勒老师会找你帮忙，让你很开心。

阿兰：是的！这样我明年就有可能做实验室助理了。

老师：（继续倾听）这个工作对你很重要。

阿兰：是啊。我知道我迟到给您带来了麻烦，我以为我尽量地降低音量，能少干扰您一些。

老师：（继续倾听）你没有想到虽然你已经努力减少影响

了，可还是给我带来了干扰。

阿兰：嗯，也不全是。我知道在我进来时，您不得不停下来去更新签到表。塞勒先生和我总是要聊很久，然后我就迟到了。我会和他说一下，这会给您带来麻烦，我问问他是否可以让我提前几分钟离开，您觉得可以吗？

老师：我想这肯定会对我有帮助的。谢谢你，阿兰。

阿兰：没关系。

在这段对话中，老师通过“我—信息”说出了自己的困扰，之后他开始倾听孩子，直到阿兰找到了可以帮助老师解决问题的办法。

方法七：共同解决问题

有时，无论是“我—信息”还是换挡技巧，都无法让孩子马上改变他们的行为。这时的“我—信息”与换挡技巧则能起到安抚孩子的作用，同时为“共同解决问题”打开了大门。

尽管“我—信息”明确地告诉了孩子们为什么我们无法接受他们的行为，但或许孩子们正在通过这个行为满足自己强烈的需求。所以当孩子不能立即改变行为时，也就是孩子与大人都拥有了问题——你不喜欢他的行为，他也不接受你的说法！此时，即便是很明确并且强烈的“我—信息”也不太可能让孩子改变。

但是这也绝不意味着要放弃（转而使用纵容法）。你的需求尚未满足，你依旧拥有问题。你现在需要做的是开启双方共同解决问题的环节，这个环节中至少会有四个步骤：

（1）明确问题；（你的需求是什么？孩子的需求是什么？）

（2）找到那些解决方案；

（3）评估每个被提到的解决方案；

（4）从双方都认可的解决方案中，找到双方都能接受的并达成一致。

一位住在亚利桑那州的妈妈，也是P.E.T.课程的讲师，她讲述了使用这个方法的一次经历：

我家里有个很整洁的游乐场地，所有邻居的孩子都喜欢来我家里玩。我不想让他们周日早晨来，因为那是我不用照看孩子们的时间，我喜欢那段安静地坐着喝咖啡看报纸的时间。所以，我说："如果你们可以午后再过来，那我会非常感激你们。我希望在上午时，我可以独自看会儿报纸、喝会儿咖啡！"但是，我失败了，因为孩子们几乎每隔一刻钟就会过来问我到午后了吗？我的"我—信息"失败了。所以我决定开始解决这个问题，看看我们到底能想到什么办法——因为我确实很喜欢孩子，我希望他们依旧可以在那片场地上无拘无束地玩耍，当然，我也需要留一点时间给自己。后来我们想到的办法是：如果中午到了，我就把门廊旗杆上的旗子竖起来。他们看到了旗子，就代表可以来玩了。但是如果没有看到旗子，他们就不可以走进大门。这个办法开始实施的第一个周日，我把旗子竖了起来，发现屋子前的人行道上站满了这些小宝贝们，他们等在那里，看旗子什么时候会竖起来。这个方法真的解决了问题，我甚至不记得当时这个办法是谁提出的。它真的起作用了，解决了问题。

在下一章，我会更加详尽地介绍这个共同解决问题的方法。在这里和大家分享，是希望说明：当“我—信息”没有起作用时，就需要通过共同解决问题的方法来找到一个方案，从而让大人与孩子都能满足自己的需求。

方法八：生气时找到“最初的感受”

一些老师和家长在学习了使用“我—信息”后，被压抑了许久的情绪火山开始爆发。一位妈妈在课堂上说自己在过去的一周里一直都在对两个孩子发火，两个孩子被她这个变化吓坏了。

为何生气会伤害孩子？会吓到孩子？大人如何避免生气？生气到底是怎么回事？

与大多数的感受不同，生气几乎都是针对他人。生气会让他人感到“我很生你的气”“你让我很生气”。事实上，这属于“你—信息”。你不能用“我觉得生气了”这种方式来掩盖它是“你—信息”的本质。生气对孩子来说就像是一个谴责性的“你—信息”。孩子们从中感受到的是自己很坏，让家长生气了。进而，孩子们会感到低落、被责怪，并且产生内疚感，与听到其他的“你—信息”时的感受一样。

我个人相信，生气是继某些感受之后产生的情绪。这些最初的感受会继续累积从而“堆积”成气愤的情绪。下面我来通过两个例子来解释一下。

我在高速路上开车时，忽然有一辆车开到我的前面，几乎就要碰到右前挡泥板。我当时主要的感觉是很害怕——确实吓坏我了。几秒钟之后，我开始按喇叭，表示“我很生气”，或许还会大喊：“你这个笨蛋，你没有学过开车吗！”没人会否认这是一个绝对的“你—信息”。我生气是想要惩罚那个司机，要让他为自己的行为感到内疚，或许这样他下次就不会这么做了。

一个妈妈带着孩子购物，可是孩子在商店里走失了。她非常紧张而且害怕——她很担心孩子会遭遇不测。如果在她寻找的过程中，有人问她的感受，她大概会说“我快被吓死了”或者“我非常非常担心”。当她最后找到孩子时，她如释重负。对自己，她会说：“谢天谢地，终于找到了。”但是对孩子，她却会大声地、生气地说：“你怎么这么调皮？”“气死我了，你怎么这么笨，跟着都能走丢？”“我不是说过要一直跟着我吗？”这时，我相信这位妈妈是想通过生气来教训或惩罚孩子，因为孩子让自己这么担心害怕。

生气是跟随最初的感受而来的——它传递出来的信息就像是一个对孩子的负面评价或者是对孩子的责备。我相信很多时候大人是有意识地通过生气的方式责备孩子、惩罚孩子、教训孩子——因为孩子的行为让大人感到不舒服（主要感受）。当我们想要朝某人发火时，我们的目的是想通过扮演这样生气的角色来影响他人——让他人知道他们干了什么，让他们得到教训，以后不要再做。我并不是说生气是假装的。生气是真实的感受，生气时，血压会升高、心跳会加速，甚至人会发抖。可是这样的一些身体反应，往往是我们开始生气后逐渐出现的，是生气的行为让我们有了这些生理的反应。人之所以在生气时会有这样的生理反应，往往是由于在生气前先感到了害怕、受伤、尴尬、妒忌、孤独。比如：

在餐厅里，孩子很调皮，父母的最初的感受是尴尬，接着就开始生气:"你怎么像个两岁孩子一样。早知道这样,就不带你来了。"

孩子拿着成绩单回到家,成绩不是很好。妈妈最初的感受是失望,接着会生气地说:"一个学期都是游手好闲,你这下为自己'自豪'了吧?"

老师也同样处于类似的情景。比如:

一个孩子在挂展示板时差点从窗户上掉下来。老师看到后先是觉得害怕,接着会生气地说:"现在马上下来,我就知道你总是很毛躁。"

老师精心准备了有趣味的演示,但是学生们却无聊地开始相互传纸条,老师感到失望,然后会生气地说:"你们太不懂得珍惜了,我以后再也不白费功夫了。"

一个学生总是掌握不了分数的加法,老师会觉得有挫败感。之后他会大声地骂学生:"你怎么一点都不认真,这个连三年级的孩子都会做。"

老师们应当知道发脾气对学生的学习效果没有什么用处,否则就不会有学生还考不及格了。

那么家长和老师该如何做才能不对孩子发脾气呢?我们在课堂上的经验值得分享。首先,我们帮助大人理解初级感受与次级感受的不同。之后,学员们开始更多地关注自己的初级感受,这也帮助他们更能管理好自己的次级感受。这可以帮助学员在即将发脾气的同时,能够很清楚自己内心真正的感觉——也就是最初的感受:

一位认真的妈妈在 P.E.T. 课堂上认识到,她会冲着 12 岁的女儿发火是由于女儿未能像她那样爱学习、好学，她对此感到失望，而恰恰是失望让她总是会冲着女儿发火。这位妈妈开始意识到女儿在学校的成功对她而言很重要，只要是女儿的成绩不让她满意，她就会生气、发火。

琼斯先生是一位职业咨询师，现在也意识到为何每次在公众活动中他都会对 11 岁的女儿发火。他的女儿很害羞，这一点都不像擅长社交的父亲。每次当他向自己的朋友介绍女儿时，她都不愿意握手。她只会很小声地说“你好”，这让父亲觉得很尴尬。他承认自己不希望被朋友们看作是严厉、古板的父亲。有一次，当他意识到时，他感到自己那一刻不再生气。现在他开始逐渐接受女儿与他自己具有不一样的个性。而当他不再生气后，女儿也渐渐不那么害羞了。

一位参加 T.E.T. 课程的学员谈到了他与一位特别的学生之间的关系，以及他为何会对这位学生生气：

我总是很容易冲着查尔斯发火，有时我也说不清为什么。我开始想：“对于查尔斯，我最初的感受到底是什么？”我找到了原因，这个原因让我很不舒服。我担心查尔斯能聪明地看到我的问题在哪里，我又很害怕他的伶牙俐齿会让我在全班同学面前丢人。上周，在课后我和他谈了一会儿，我告诉他我很担心我没有办法回答他问的一些细节问题和技术问题。他很惊讶，他告诉我他并没有想让我难堪，他只是想通过这样的方式获得一些童子军积分。之后我们很开心地结束了我们的会谈，在这之后，我不再害怕他。有时当他忘记约定问倒了我，我会笑着说：“哈，你又得到童子军积分了。”

家长和老师们如果发现自己经常会生气、发火，那么最好要问问自己："我怎么了？孩子的行为让我的什么需求得不到满足了？我想要避开的最初的感受是什么？"

"我—信息"带给自己的变化

当家长和老师们开始使用"我—信息"后，他们不仅会看到孩子身上的变化，也会体验到自身也发生了明显的变化。他们都变得更加诚恳、真实与开放：

"我再也不需要在没有心情陪孩子的时候勉强自己了。"

"我不再像以前那样优柔寡断了。"

"我的内在感受与外在表述越来越一致。"

"我开始与大家坦诚相见。"

"'我—信息'让我更加真诚与开放。"

有一句古老的格言"你做什么，就会成为什么"，正好可以解释这些发生在大人身上的变化。通过这样一种新的沟通方式，大人自己也会感受到"我—信息"所传达出的诚意，这让大人也有了机会来碰触自己内心真实的感受。而"你—信息"完全以他人为导向，所以不会起到这个效果。

我们对参加过 P.E.T. 课程的学员做了访谈。访谈结果让我们更加确信，这个课程能让大家学会如何真诚地沟通。一位妈妈告诉我们：

在参加 P.E.T. 课程之前，我似乎要扮演很多角色。我不想再那样假装下去，我想要自由。不再为了害怕失去爱与接纳而一直伪装自己——就算失去了，那又怎样？！我的放松也影响了丈夫，他也更加开豁，更愿意讨论一些事情而不是隐藏自己的感受。我所做的不过就是诚恳地说出我的真实感受而已。现在我可以轻松地说“我没有时间做这个”或者“我现在没法做”。

一位父亲也分享了他的变化：

现在的情况好多了。我们也会给自己留点余地，不至于被父母的职责所捆绑，这让人轻松不少。如果真的不行，我们会告诉孩子们：“不行，要不明天吧，现在我真的要处理一些紧要的事情。”

一位妈妈谈到了自己和先生的成长过程，他们一直都被要求要压抑情绪：

接受负面情绪对我们来说非常困难，在我们双方的家庭里，都不允许出现负面情绪。我们只能表现对事情或者自己所做的事情感到开心、有趣，烦闷或者沮丧的情绪是不可以出现的。直到学习了 P.E.T. 的课程，我才意识到我也可以有负面的情绪。

一位家长在学习了“我—信息”后感到这是一种自我解放：

我想这就是自我解放……能够表达我自己，并不因此而内疚，不会因此而觉得自私。它的确帮助我可以更自由地与孩子进行沟通。我以前从未对他们说过我的感受是什么——从未。

“我—信息”也有“排毒”的功效——它帮助家长们说出了憋在心底很久的感受：

使用“我—信息”，我就不需要一直隐藏自己的感受。你将自己的感受表达出来，你也知道有人在听。至于他们做或是不做什么，有时候已经不重要了。

一名继续教育学校（为总惹麻烦的高中生开办的特别学校）的校长分享了学生的一段极具戏剧性的变化：

我一直都容忍着这帮孩子，心里充满了抱怨——他们总是无视学校的规则。有一个早晨，我从办公室的窗户看到外面几个孩子手里拿着可乐瓶沿着草坪闲逛，这又违反了学校的规则。当时我刚参加完 T.E.T. 课程，学习了“我—信息”，于是我跑出去对他们说出了我的感受：“我实在是太沮丧了，我尽全力帮你们，我全身心都扑在这份工作上。可是你们呢，就是不断违反纪律。我们好不容易就头发长度达成了一致，可是你们也不遵守。现在，你们又拿着可乐瓶，这也违反了规则。我真的很想辞掉这份工作回到正常的高中，在那里我更能取得些成果。在这里，我觉得自己是彻彻底底失败了。”

令我惊讶的事情发生了。那天下午，这帮孩子中的一个来找我说：“G 先生，我们认真想了今天上午发生的事情。我们不知道您会如此生气，您以前都不会生气。我们不想要别的人来做我们的校长；其他人都不会像您这么好。我们都同意让您来剪短我们的头发，并且我们会遵守学校的规定。”

他后来分享说，等他回过神来，他就带着孩子们到另外一个房间，孩子们让他来理发，直到头发的长度符合学校的规定。其中最有意思的是当大家都剪完头发后，他说：“哈，我们每人都有个球了。”然后，孩子们开始与他亲近，相互间也开始亲近。他们就像朋友一样离开那间教室，那种亲密、温暖的感觉很少会出现在校园里的大人与孩子之间。

这则分享的确让我们看到，当大人能与孩子平等沟通时，孩子们会有积极的回应并且会为自己负责。如果认为孩子独自就能搞明白大人们的需求，那实在是高估了孩子们。可是很遗憾，老师和行政人员们却常常忽略孩子们会根据他人的需求来调整自己行为的良好意愿，他们未将自己的感受坦诚地告诉孩子们，而是使用了命令、要求甚至贬低孩子的方式。

发送“我—信息”本身也是家长与老师的示范行为：通过自己的行为告诉孩子们，将自己的需求告知他人是合理的。同样也是在示范这样一种说出自己感受的沟通方式，而不是去责备、威胁、贬低他人。

孩子们通过大人的示范，会学习到如何在自己与他人的人际关系中用“我—信息”来满足自己的需求。由于在这个过程中老师及家长与孩子是平起平坐的，孩子们会开始真实地敞开自己。孩子们变得真实、可信，孩子周围的人也逐渐了解到该如何与其相处。

发送“我—信息”能让孩子承担起自我管理的责任，而不再是大人的管制。“我—信息”可以让孩子对自己负责，提升孩子的自律能力。美国加州伯克利大学的鲍姆林特教授在1967年曾经针对一家育儿学校做过调查，发现善于自制与自我管理的孩子，其父母会避免使用惩罚而是更多使用一种理性的方式——鲍姆林特教授称之为“认知架构”。这个专业术语所表述的正是我们所说的“我—信息”：告诉孩子，他们的行为带给了别人什么样的负面影响。鲍姆林特教授进一步指出，这些信息可以协助孩子觉察自己的行为会对别人带来的影响，也因此会发展出孩子们的自制力及良知——也就是我所说的自律，这与外在的强制性纪律不同。

根据鲍姆林特教授的研究，如果父母对于孩子更为接纳（用 P.E.T. 的术语解释，就是孩子的许多行为都落入行为窗口的可接纳范围，也就是行为窗口的上两个区域），那么“我—信息”就会更有效。如果父母平时接纳度较大，那么他的孩子就会更加留意在自己行为不当时，父母所发送的“我—信息”。但是，如果平时对孩子的接纳度不大，那么父母所发送的“我—信息”就有可能被孩子仅仅看作是“另一个”不接纳他行为的信息。

1979 年，农特森在一项针对五年级与六年级学生的实验中，证明了“我—信息”也有效地减少了学生的干扰行为。在实验中，他向两位老师传授了“我—信息”的概念，并且示范了使用时机及角色扮演的练习。五年级的老师通过使用“我—信息”减少了孩子们 50% 的干扰行为，而孩子们的学习时间则多了 25%。但是，她很快又开始使用“你—信息”，导致之前的成果又化为泡影。而六年级的老师则针对八名学生持续使用“我—信息”，其中六名学生的干扰行为出现的频率有所降低，其中四名学生开始用更多时间来学习。

另一项研究则是比较惩罚和“我—信息”两种方法在不让孩子玩游戏室里的玩偶时所起的不同效果。下面这段话是在实验过程中告诉孩子们的，是一个很好的“我—信息”（在实验中，并未将其称为“我—信息”）：

这里有一些玩具你们不可以碰，也不可以玩。因为这些玩具我都只有一个，如果它们被打碎了，我就再也找不到了。所以，我真的不想你们碰或者玩。

这个信息（也可以称作“认知信息”）可以有效地防止孩

子趁大人不在时偷偷去尝试禁止触碰的东西。研究人员表示："小孩子在面对诱惑时，内在的思考过程及其领悟，会比外在的惩罚更为有效。"同样在这项研究中，还有另外一个发现："我—信息"对孩子的影响力可以持续很长的时间，而体罚的效果很快就没有了。这个研究再次印证了非权威性"我—信息"的效力。

自尊的概念本身也让我们知道了"我—信息"的价值。自尊或是缺乏自尊，对个人生活会有明显的影响。一个自尊的人往往会有较强的动力取得成绩，无论是在体育活动和工作中，还是在学习中。研究也显示，一个自尊感较强的年轻人会有更多的朋友、更能抵抗来自坏伙伴的压力、对他人的批评与评价也能更公正地看待、智商值更高、更愿意与他人合作、不易害羞也不太怯场、会对自己的需求更明确并且坚定。专业人士普遍认为，高度的自我尊重是心理健康的基础与核心。

由心理学家斯坦利·库珀史密斯在 1967 年所主持的一项著名的针对自尊形成因素的研究中，斯坦利发现，自尊感较强的男孩子的妈妈们，会更倾向于"语言沟通"（"我—信息"）及探讨，而自尊感较差的男孩子的妈妈，会更经常用到惩罚和专制地管教。这项研究也强有力地支持了应当反对惩罚性的管教方式。同时也再次证明非权威方式（孩子出现不可接纳行为时使用"我—信息"）的有效性。斯坦利也进一步证明了责备性"你—信息"对孩子自尊心的伤害，责备、贬低和批评孩子，都不可避免会让孩子缺乏自尊。

之后，我将会提到一项研究，这项研究将揭示 P.E.T. 的最大功效就在于增进了孩子的自尊。

7

第七章 管理家庭及班级的新方法

·参与式管理·

·集体需要规则·

·解决问题六步法·

·解决冲突：无输家的方法·

·解决价值观冲突·

在前面的章节中，我们探讨了除了权威或者责备性“你—信息”之外的，其他能够更为有效地影响孩子并让孩子为自己行为负责的方式。在这一章，我会提出其他的可以替代权威管教的方式——一个可以更好地管理家庭与班级的新方法。

这种新方法，不是着眼于改变孩子身上已经出现的不可接纳行为，而是提早预防这些行为的出现，正所谓“不治已病治未病”。这套新的管理方式已在许多工商业组织中得到验证，它也同样会有效提升家庭与班级的管理。

参与式管理

在美国的企业界，目前有一种全新的领导方式，称作参与式管理（有时也称作“日式管理”）。这种全新的方式将员工也看作是企业的重要人物，与企业领导一起共同参与工作环境、生产方式、质量管理、产品设计及服务、政策规则等相关内容的制定过程。

600 多家的美国企业——其中不乏世界五百强企业（如 AT&T、通用、福特和霍尼韦尔）——都开始实行这样一种管理理念，并且通过培训提升公司经理及主管们民主领导的能力与技巧。我的效能培训机构也参与了这些培训，我们提供的培训课程为“领导力效能训练”，课程内容在我的《领导力效能训练》一书中也有提及。

在更早的一本具有开创性的书籍《一起工作》中，作者约翰·西蒙斯与威廉姆·马尔，也对 50 家已经让员工参与公司决策与解决问题的欧美企业进行了跟踪研究，并总结了这种方式带给企业的显著优势：

生产力提升超过百分之十，而且持续提升。在执行初期，员工的单个生产力能够提高百分之百。抱怨的员工人数从3000降至15，并且保持在这个水平。旷工率与人员流失率均降至原来的一半……其中最重要的获益是人员的发展，其次为经济获益。人们的自我感觉趋于良好，他们喜欢去工作，越发地感到自尊与自信，他们开始为自己的生活做主，那种无力感开始减少。

这样一种民主式的领导，或称“工作环境中的民主”，与“政治民主”不能混为一谈。工作环境中的民主让人们直接、面对面地参与到与自身相关的政策制定中，而政治民主给予人们选择代表解决问题的权力，让人们从日常的问题中解脱出来。

参与式管理是在组织内彻底地重新分配权力。这与旧式的管理方式形成极致对比。在旧式管理中，管理者与被管理者之间有清楚的界限；而在参与式管理中，工人对自己的工作及工作环境都有了更主动控制，他们与管理者共同制定做生意的规则及规定。詹姆斯·F. 林肯作为这种开创性企业的总经理，对这种管理方式做了肯定的描述：

“让所有雇员参与管理；让所有经理参与生产。”

老师与学校行政人员也开始逐渐意识到，若是能让学生参与决策过程，会对学校形成良好的纪律氛围起到关键性的作用。

著名的心理学家威廉·格拉斯，清楚地道出了师生关系与企业里主管与员工关系的相似之处。在他1986年出版的《教室管理理论》中写道：

教师也可以将自己视同为经理，他会去指导学生，也会试图通过奖惩让学生跟随他的指引，至少在这两方面，与经理有着相似之处。作为经理，逾越传统的依赖于奖惩的管理模式，已实属不易。很少一部分老师会去思考采用其他做法的可能性，因为老师只将自己视作雇员，雇员的角色会限制他们去思考作为经理该想什么。除非老师可以调整这种被动的心态，否则想让学生主动参与到学校的改进中也就不太可能了。

格拉斯指出，若老师能将自己视为现代经理人，就会更愿意分享权力，而传统经理人不仅不会放弃手里的权力，反而会追逐更多权力。传统的美国老师按照自己的方式制定班级规则、指派所有工作、制定所有的约定、设定学生要服从的所有标准、定下所有的目标、评定所有的工作，他们也会来判断谁是差生，对差生是帮助还是开除也由他们来决定。

格拉斯为现在的学校开出了一个具有挑战性的处方：合作式学习团队——这个团队也会激发老师作为管理人员的自觉。同时他也警告："若是不尝试提供一种我们需要的、与目前所不同的教学方式，学校很难再有所进步。"格拉斯就学习团队型模式与传统的教学方式进行了比较（楷体为传统方式）：

（1）学生在由2至5人组成的学习团队中会产生归属感。这个团队由不同成绩的学生组成。

学生独立完成学习。

（2）归属感让学生有了最初的学习动力，而作为团队所取得的成绩，又会让之前未曾努力的学生感到知识的力量，从而更愿意学习。

学生只能通过个人努力提升成绩，很难获得学习的动力，无从感知知识的力量。

（3）成绩好的学生会想要去帮助较弱的学生，这样才能提升整个团队的表现。

成绩好的学生与学习能力较弱的学生交流很少。

（4）由于只要努力就会对团队带来帮助，所以学习能力较弱的学生会尽可能地努力。

学习能力弱的学生感觉不到自己对班级能有贡献。

（5）学生不仅可以得到老师的支持，也可以从团队中得到相互的支持，从自己及团队的创造力中得到支持。这让他们从只能寻求老师的帮助中获得解放，让他们获得了力量与自由。

除了个别能力突出的孩子，大部分学生都要依赖老师。学生之间很少相互协助。帮助别人甚至会被看成是作弊的行为。

（6）学习团队的架构可以帮助学生深入理解知识点，而不是对知识浅薄的理解。

学生觉得学习很无聊，并因此减少了学习的兴趣。

（7）团队可以充分地思考，如何让老师及其他学生们（及家长们）了解到他们已经掌握的内容。老师也鼓励学生们用自己的方式来说明自己所掌握的内容。

老师（学校体系）决定如何评估学生对课程的掌握情况，除了考试，他们很少去思考采用其他方式。

（8）团队成员会定期更换，所有人都有机会进入能力最强的团队。有些能力很强的学生可能会偶尔抱怨参与的团队影响到了个人成绩，但是整体看来，其成绩会依旧突出，对个人的影响不会持续很久。每个人的学习动机并不会被团队影响。

单个学生参与竞争时，赢和输都非常清楚，对个人的影响可能在几周后才会逐渐减弱。

以上各条清晰地呈现了格拉斯学习团队模式下的课堂氛围。

对从1924年到1980年的122份研究进行全面细致的分析后，发现与“竞争”相比较，“合作”更有优势。

有65份研究显示合作比竞争更能提高成绩，有8份得出了相反的结论，有36份没有看出明显的差异。在其中108份研究中，显示出与他人合作比个体独自学习更能提高成绩，有6份得出了相反的结论，有42份没有看出明显的差异。合作的优势体现在任何领域及任何年龄段中。

除了可以提升成绩，合作式的学习团队也会增进不同肤色、不同背景人群之间的相互了解，使参与者有更为融洽的人际关系，而竞争往往会营造出相互憎恨与对抗的氛围。

只是简单地废除种族隔离制度并不会改善民族间的关系，那只是将不同成长背景孩子们放在一间教室里学习。而合作式的学习团队会让孩子们在一起，课后他们也会继续在一起完成作业，这样的联系甚至会持续终生。

在越来越多的采用合作式学习团队教学的学校中，学生们有机会为课堂及课后所发生的与他们相关的一切提出建议。

在一些学校，学生们可以监督他们自己的课业成绩，并且可以指出有哪些科目需要更加努力。在这些学校里，学生们在学习习惯的培养上获益匪浅，同时也提高了成绩。另外还有些学生要为自己设定学科目标，并且根据个人的学科目标来设计定向化的个人高中课程表。

我看到在一些学校里，学生们会彼此督促来改善自己的学习效率。也有些学校会请学生评估老师的教学方法，并提出自己对提高教学技巧和改善师生关系的建议。

在一些学校里，学校甚至会邀请活跃的学生参与到一些重大的学校决策中，比如删定课本、应对旷课和迟到、开设新课程、缩减预算、节能、制定学校纪律等。

但是这样的方式在传统学校中并不普及，我们期望这样的方式能逐渐被大家接受。我们期待有越来越多的教育工作者能了解到这种新的管理方式，及其可以发展出孩子自律能力的管理哲学。著名的教育心理学家和学习系统咨询师阿瑟·库姆斯写道：

> 自我管理本身就需要参与人融入到决策制定的环节中，这会让学生感到自己参与其中并与之息息相关。他们要去学习如何面对问题、找到解决方案并且应对相应的结果。任何老师可以在任何班级里尝试给予学生这样的职责。

这种合作参与的方式在克拉斯特学校的应用格外引人注目，这所学校建立于 1974 年，由哈佛大学教授劳伦斯·科尔伯格建立。这所被称为“just community”（公正社团）的学校，融入了自我管理、相互关怀、团结一致、道德发展、民主社群，并且将班级与学校中日常出现的问题作为道德方面探讨与决定的主题。管教的问题交由正式而“公正”的团队公正社团来处理，这个社团由学生、老师及行政管理人员组成。

通过对克拉斯特学校持续四年的评估，这里学生的道德推理能力发展得更为成熟、人性，而学生对于由他们自己制定出来的规则的执行度也更高。另一个显著的发现是，在之前学校里有严重道德问题的孩子在这里有了明显的改善。

在对加州 18 所采用这种合作参与方式的高中进行观察后，发现无论是老师还是学生的严重行为问题都越来越少。这种个性化的师生关系、学生参与式的管理制度，以及无权威式的规则制定都对问题行为的减少做出了贡献。而作为比较，传统的高中往往会有繁复的规则及整治办法。

无论是“Just community”还是这 18 所高中，都在不断尝试如何让学生来管理自己——提升学生对行为是非的判断能力。

心理学家雷蒙德·科尔西尼发展了一套新的教学模式，最初被称作个性化教学，现在则称为科尔西尼 4R 体系（C4R 体系）。1988 年，《整体教育评论》杂志刊载了科尔西尼与同事合写的一篇文章，以下是他们对这个模式的描述：

C4R 体系的学习环境建立在相互尊重的基础上，在这里，孩子们被视为与大人（家长、老师及校园其他人员）是平等的，拥有在学校管理中基于美国民主理念的“体制”所赋予的权力与义务。在 C4R 体系中提倡孩子们发展的四个目标：

• 责任（通过让孩子们参与到与自身相关的教育决策中来发展）；

• 尊重（通过尊重孩子及要求孩子尊重他人来培养）；

• 丰富（通过鼓励孩子们思考生命中的三大课题：职业与休闲、家庭生活及融入社会来实现）；

• 回应（通过努力完善学校环境以期能够让成员之间相互

信任并且相互关心）。

以下是C4R体系的特色：

（1）孩子们每日的学习生活有着充足的选择；

（2）孩子们有五种学习学术知识的方式：

a）班级；

b）图书馆；

c）同学间相互学习；

d）与老师一起；

e）在家里。

（3）每个孩子都有一个由自己选择的指导老师；

（4）不打分；

（5）每周对学习目标做一次评估，以此作为学习进度与方向的指导；

（6）学校教职工与家长不在孩子背后做议论；

（7）指导老师由孩子“提名”，老师接受了提名后，只有孩子可以更换指导老师；

（8）没有成绩单，只有每周的进度报告，由学生交给父母；

（9）学生自己决定学习进度，不同科目可以有不同的进度；

（10）对于课业成绩没有物质及口头奖励或是任何形式的特别对待。

两个因素导致了学校民主与放松的氛围：

• 自由与责任的理念；

• 一套简单的纪律制度，这个纪律制度以三项规则为基础，任何人（父母及孩子）若是违反了规则都会有合情合理的处理方式。

C4R 学校的校规包括：

（1）不可以做危险性或者破坏性的事；

（2）要总是处在有人管理的地方，或是正在前往有管理人的地方；

（3）假如老师示意你离开教室，立即安静地收拾好并离开。

C4R 学校的纪律几乎可以与社会上的法律制度进行类比：所有学生都知道学校的三项校规以及违反校规的结果。违反规则的处理有一套正式程序，学生有权利提出异议，他的指导老师可以为其在校长面前进行辩护。每个孩子都很清楚违反校规后的结果。比如，如若违反校规六次，就必须召开由校长、学生的指导老师及家长共同参加的会议。

我想要再次重复之前所提到的：在学校及家庭中唯一能有效的纪律一定是自律；无法通过大人外加或是权力管教的方式教会孩子自律。我们需要废弃传统的管教方式，需要设计全新的、更为有效的方式来管理我们的家庭与学校。

集体需要规则

支持传统管教方式以及支持大人应当使用权威的学者们会提出，如果没有这些外在的控制，没有来自大人的管教，就会出现混乱不堪的情况：没有规矩、没有限制——孩子们会为所欲为。

这些骇人听闻的说法，让学校和家庭都不敢将惩罚与基于权威的管教放弃不用，都依旧继续通过管教来束缚孩子及其他成员的行为。但是，要取代这些纯粹由大人制定的规则，无规则并不是唯一的方案。下面，我来具体解释。

所有的组织，无论其规模大小、性质如何，都需要规则、规定、规矩、政策以及标准操作流程。我并非要否认组织需要规则，或是想要删除所有规则。没有这些规则，一个组织会陷入混乱、冲突不断的状态。规则及政策的作用不可或缺。它们可以消除人们之间相互的不理解及冲突；能够定义权利与特权；从立法上体现出人与人之间的公平合理；为大家提供了行为的准则。

问题的关键并不是是否需要规则，而是如何能够让所有成员都能遵守制定出的规则。

我们很少会有意愿去服从那些并非由我们所参与制定的规则。没有机会参与到制定的过程中去，会让人们感到这些规则是强压在自己身上的，故而会产生抱怨。反之，若能允许人们参与到制定与自己相关的规则的过程中，人们就会更愿意去遵守——事实上，是会有强烈的意愿去遵守这些规则。心理学家将此称为参与原则，并且有众多的研究证实了这一点。

大家共同制定的规则正是我们在前文中所提到的 C 型权威，即契约型权威，这种权威对组织成员的影响力恰恰来自组织成员参与了契约的制定过程。在 P.E.T. 及 T.E.T. 课堂上有一个重要的目标，即要使家长和老师们在制定与孩子相关的规则时，让孩子参与进来，而不是由大人自己设定规则。

孩子们若能有机会参与到设定规则、制定条款的过程中，一些优势就会显现出来。孩子们的自我感觉会越来越良好，会感到自尊与自信。更重要的是，他们会感到对“命运的把控”——能够在人生中尽人事。他们也会感到与家庭成员、同学之间、师生之间的相互平等，他们在制定条款及建立规则时，拥有与他人同等的权力——他们本身就是团队成员而非第二阶层。这意味着，大家在家庭中与教室里相互合作，这种民主的氛围形成了相互间紧密而又温暖的人际关系，这在充斥着大人权威的环境中无法形成。

另一个鼓励孩子们完全地参与做决定的过程的原因是，这往往也有助于找到优质的解决方案。三个臭皮匠赛过诸葛亮，在这个过程中，大人与孩子都会来分享自己的知识与经验。在我的第一本书《以团队为中心的领导力》中，我指出：若一个团队中，认为只有团队领导才具备找到最佳解决方案的能力，那么团队领导与团队成员间的对立就会产生。问题恰恰就出在谁能找到最佳方案——是失去了团队力量支持的领导，还是包括了领导在内的整个团体？我的答案是后者，是包括了领导在内的整个团体。谚语“父亲什么都知道”意味着父亲总是比儿女们知晓得更多，不过我们是否这样想过：“尽管如此，但是父亲一定会比‘父亲＋儿女’这个团体知道得更多吗？”

让孩子参与规则制定的要点总结如下：

（1）孩子们更愿意执行与遵守规则；

（2）得到更优质的解决方案或决策；

（3）大人与孩子之间有紧密、温暖的关系；

（4）孩子们获得自尊、自信并拥有对自己命运的掌控力；

（5）为自我负责并自律。

参加过 P.E.T. 课程的家长们，也为我们提供了上千个让孩子参与制定家庭规则的案例。我们将这个方式进行了优化，使其简单并且系统化。在下面的内容中我将会介绍这个解决问题的六步法。我从心理学家、教育学家及哲学家约翰·杜威那里借鉴了这种方式，杜威认为这个方式可以帮助人们在应对他们生活中出现的各种问题时，都能找到有创意的解决方案。我们不仅将这种方式应用在处理个人问题时，也应用在了团队（家庭、班级、工作场景）处理两人或多人相互出现冲突时（一种具有特殊性的问题）。

解决问题六步法

现在我们可以来探究一个集体共同解决问题的实际流程，这个流程中往往涵盖了抓住问题、找到方案及实施决定这三个核心。在这里，我举一个例子来阐释这个流程，这个例子就是我的家庭几年前面对的一个实际生活的困扰。许多家庭都会为谁来做家务、家务活如何分配产生困扰，并且会因为这个困扰发生争吵，每个人都不快乐——谁来做家务？家务活该如何分配？

传统的做法是家长们独自分配好家里的家务，孩子们没有参与到制定政策的过程中。如此一来，大家也能料想到，当要求孩子们去做家务时，他们总会抱怨，自然也对自己要干的活不负责，或者只有等到家长们开始念叨时才去做。事实上，许多孩子认为家务应当是家长的事。“帮妈妈刷一下盘子”或者“帮爸爸洗一下车”的说法，也的确会让孩子们感觉这本来就是家长的事情。

那么如何通过将所有的家务列于纸上，并且邀请所有家庭成员参与到家务制定的过程中，来制定出包括了细节（比如谁来做？频率及标准是什么？）的家务分配方案呢？

我至今依旧能想起当时我们在解决这个问题时的许多细节。这个会议由我的妻子琳达主持，起因是她在开始全职工作后感到自己分担了过量的家务活。

我将在对解决问题过程的描述中，标注出老师及家长们在培训课堂上学习的具体的六个步骤。当大家遇到需要解决的问题时，无论是个人问题（我到底从生活中想要得到什么？）、家庭问题（家里看电视的规则是什么？）、亲子问题（出于安全的考虑，你非常反对孩子买摩托车，而他很希望能有一辆摩托车），我都推荐可以以这六个步骤为指引。

琳达通过合宜的“我—信息”开场。

第一步：界定问题

“我重新开始全职工作，可是我却要做与以前一样多的家务，我觉得不公平。我希望我们能将这些家务重新分配。我们可以将所有的家务都列下来，然后开始今天的会议。”

米歇尔（女儿）和我（抱怨了几句）都同意可以一起来列这个单子。这个单子确实让我们（琳达除外）吓了一跳，居然有 26 项之多。

接着我们开始出主意。

第二步：头脑风暴

“我们先各自选出自己最愿意做的。”

“把一些活绑定在一起吧，比如做饭和洗碗、给凯蒂（家里的宠物狗）洗澡及喂食。”

……

我们用了近半个小时来提出各种各样的解决方案，然后开始评估这些方案。

第三步：评估方案

“让我一个人来处理两辆车的维修，我觉得不公平。”

“浇花没有像购物那么花时间。”

“洗碗应当包括拖厨房和餐厅的地。”

“早餐后谁来清理？”

……

我记得第三步也几乎用了半个小时。

第四步：决定

最后，我们都觉得可以开始做决定了。由于我负责会议记录，于是我又将所有的家务、由谁来做、一周做几次读了一遍，最后问：“大家都认可我们刚才的决定吗？”

第五步：执行

但是还没有结束，因为还有许多执行时的细节需要明确，比如：

“凯蒂一周洗几次澡？”

“晚餐后要多久收拾好厨房和餐厅？”

“如果外出就餐，那么当晚本该做饭的人与其他人如何平衡？”

“谁来定购物清单？”

于是又开始针对性地处理这些细节问题，直到所有人都满意。

这一步用了大概十分钟。

还要回答的一个问题是："我们如何知道这个决定合适与否？或者这个方案是否解决了我们的问题？"

于是，就有了最后一步。

第六步：后续评估

"如果有人改变主意想去做其他工作怎么办？"我们最终决定先进行第一轮持续几周的尝试。接着，如果我们中的任何人对这个办法有意见或是想改变工作内容，可以召集第二次会议。我依然记得，在第二轮会议中，只有一个意见，琳达提到在需要我负责晚餐和收拾厨房的两个晚上我常常忘记拖地板。我为自己辩解说是因为我觉得地板看起来很干净，但是她说她之后打扫时就会有很多的垃圾。我不得不承认我的确不是那么喜欢拖地，所以会有意无意地忘记，我也希望自己能够留意到。

我们这个关于家务的决定就这样一直执行了很多年。之后有一天，米歇尔说她不想再做饭了。她不想继续每周做两次晚餐，但是她可以负责一周晚饭后的清理工作。我和琳达毫不犹豫地同意了。之后我和琳达都对这个变化非常满意，我们的确也不想总是在米歇尔负责晚餐时只能吃到汉堡和火腿。

要有效解决每个问题并不是都必须经过这六个步骤。有时，在第二步，当有人提出一个非常棒的主意，其他人都觉得没有必要再想其他办法时，也就不需要再做第三步的评估。有时也会在第四步时很难达成一致，找到那个双方都能满意的方案，那就需要再次回到第二步来想更多的办法，甚至回到第一步来再次厘清大家的需求。

接下来，请大家尝试在下面这个解决问题的过程中标注出这六个步骤。这是一个家庭中爸爸妈妈与两个孩子（分别是 9 岁和 7 岁）之间的会议：

电视干扰了我们的晚饭时光。孩子们想要拿着盘子坐在电视机前边吃边看。这已经多次引起了争执。我们用“我—信息”的方式告诉了孩子这带给我们的困扰：

（1）我很喜欢在吃饭时能和孩子们聊聊天——听听他们一天过得如何。听不到他们的分享，我会感到遗憾。

（2）我的妻子，也在准备晚餐时遇到了麻烦——她希望孩子能吃到热饭菜，她不知道该什么时候准备好晚餐。

（3）我们把他们拽回到餐桌旁又总是会引起争执，这样的争执让我们都感觉很不愉快，而且还影响到晚餐时光的气氛。如果他们在电视前吃饭，我和妻子都会觉得这一天缺了点什么，因为我们也很想与他们分享自己这一天的故事。

孩子们也说出了他们的需求：

（1）他们这个年龄段最棒的电视节目是在下午 6：00—7：00 播出。

（2）当他们正准备开始看节目或者看得正美时被我们叫到餐桌边，这也很不公平。

然后我们开始想主意：

（1）晚餐的时间应当固定下来。这样方便我妻子做准备，而这个时间应当避开孩子们的电视时间。

（2）我每周会有两晚需要加班而不能在家里吃晚饭。我妻子说她可以接受我不在家时孩子们边吃饭边看电视，我也觉得没问题。

（3）孩子们说他们可以在工作日都不看电视。我和妻子差点惊倒在地。我们都认为这有点不切实际，这样的做法他们不一定能坚持下去。

（4）孩子们说从周日到周四他们会限制自己看电视的时间。我们也同意，当然会有偶尔的例外出现。

成果：电视带来的困扰的确没有再出现。孩子们认真地挑选自己要看的节目并且会遵守约定。结果真的是出乎我们的意料——太美妙了。我们晚上有了家庭游戏时间，孩子们有时间完成自己的功课并且更早地上床休息了。这个方法一直持续使用了一年半到两年的时间。孩子们在长大的过程中养成了很好的习惯，已经无须用规则来束缚。问题已经不复存在，电视一直未被滥用。

参加过 P.E.T. 课程的家长们在回访过程中，与我们分享了很多如何通过六步问题解决法来解决家里冲突的案例。通过这个方式，家庭设定了与看电视、就寝时间、回家时间、喝酒、使用手机、安全使用游泳池、与门口陌生人打交道、应对复杂危险的环境、度假地点等问题相关的规则。

有一点非常重要，我们在课堂上不会预先设定什么是“最好”的方案。我们提供的是一个流程、一种方式——六步问题解决法——这会帮助每个家庭找到属于自己的最适合的方法。

另外，我也要强调六步解决法并不能解决所有的问题，也不一定每次都能找到解决问题的最佳方案。大家可能会发现最初找到的方案不奏效，那就需要再次召集会议。外界条件不断变化、孩子们渐渐长大、居住环境也会发生变化——所有这些变化都或许敦促大家找到新的方法或者设定新的规则。毫无疑问，灵活与可适性是六步解决法的一个核心优势。

解决冲突：无输家的方法

共同设定大家需要遵守的规则是为了避免冲突，而大家共同参与到规则的制定环节会事半功倍。无论是在家庭还是在学校，如果没有规则就难免会发生冲突。如何去解决那些已经发生的冲突？如何避免类似的冲突再次发生并损害我们的人际关系？通常我们又是如何应对那些人际关系中出现的冲突呢？

之前我提到，许多家长和老师在处理孩子的问题时，或是过于严厉或是过于骄纵、或是过紧或是过松——要么使用权威要么放纵。若是用这样非此即彼的思维定式，那么大人与孩子的关系会成为一种权力的争斗、意志力的竞争，成为一场非赢即输的决斗。一位父亲在 P.E.T. 前几次课程中这样说道：

“你要尽早让孩子知道谁说了算。否则，他们就开始利用你、指使你。就像我的妻子——她总是会被孩子搞定、总是会输。她总是会放弃管教孩子，而孩子们非常清楚她这一点。”

两位家里有青春期孩子的妈妈这么说道：

“我强迫自己允许孩子们做他们想做的事情，然后我就开始难受。我不能再这样下去了。孩子总是会得寸进尺。”

“我一点都不在乎她对这事有什么感觉，其他家长如何做的也对我没有参考意义——没有谁的女儿像我女儿那样留着粗短的头发。我不能再放弃了，我要赢得这次争斗。”

而孩子们也将与父母的关系，看成了最终要有输赢之分的权力斗争。15 岁的凯西，由于不愿意与父母沟通而让家长担心，她在访谈中说道：

“讨论有什么用？他们反正会赢。每次都是这样，他们是父母，他们总认为自己是对的。所以，与他们讨论就是浪费时间，毫无意义。我只想走开，不想和他们讲话。我也知道这让他们感觉不好，但那不是我造成的。”

肯已经上高中了，他在与父母的周旋中学会了如何让大人听自己的：

“要是我真打定主意做什么，我绝对不会去找我妈妈，她一定会马上拒绝。我会等到爸爸回家了再说，通常他都会站在我这边，他对我的要求比较宽松，我一般都能从他那里得到满足。”

大部分家长在处理冲突时都是努力让孩子接受自己的方案——家长赢、孩子输；其他少部分的家长和老师则选择放弃，他们害怕“孩子们会由于得不到满足而沮丧”——孩子赢、家长输。

在 P.E.T. 课程中，这两种方式分别被称为第一法与第二法。

第一法：

当孩子与大人之间出现了冲突，大人提出方案并且希望孩子接受时。如果孩子拒绝，大人就会威胁要使用（甚至直接使用）权力，即权力型权威，来逼迫孩子同意——大人赢、孩子输。

第二法：

当孩子与大人之间出现了冲突，家长先试图劝说让孩子们接受自己的方案。但是当孩子拒绝时，大人就放弃或者退让，由孩子说了算——孩子赢、大人输。

大家能清楚地看到，第一法是家长想要依靠权力型权威的一种方法。这种基于权力的方式会让输的一方心怀怨恨、没有动力去执行方案、抗争、妥协、屈服。而大人也为此付出巨大的代价——需要耗时去强调决定（唠叨、提醒、威胁），与孩子疏离。他们否认孩子可以与家长一起来解决问题、否认孩子也具备可以帮助找到解决方案的能力。

第二法是放弃、牺牲自己的需求而满足孩子。这些孩子很少会去刻意地反叛、充满怨恨或是很激进，也不太会去屈从。但是，这些孩子会动不动就用发脾气的方式来满足自己的需求，他们知道如何让家长和老师感到内疚，甚至用恶言恶语来试图逼迫他人满足自己。随着年龄增长，他们会认为自己的需求最重要。他们会无休止地要和拿，无法与其他人合作，也不会考虑到别人的需求。这些孩子并不那么可爱。

在家里不让步的孩子在与同伴一起时也不会让步。然而，在同伴眼中，他们则是被“惯坏”了的孩子，老师也会有同样的看法（这些孩子在教室里也不会轻易让步）。

第二法会让大人产生许多怨恨与恼怒。家长或者老师的确很难发自内心地爱不懂得体谅他人、不会合作、无法管理的孩子。使用第二法的家长会觉得做父母压力很大，他们期盼孩子能赶紧长大离开家。对于使用第二法的家长来说，成为父母并不是人生的乐趣。这听起来的确让人沮丧。不过，幸运的是我们发现只有不到百分之十的家长会经常使用第二法。

当我们还是孩童时，如果与家长发生冲突，我们的家长要么使用第一法，要么使用第二法。所以，在大家参加 P.E.T. 或者 T.E.T. 课程时，当讲到可以用第三法来解决冲突时，大家会很惊诧——还有这样一种共赢、无输家的方式来替代原来的方法。下面，我来具体介绍一下第三法。

大人与孩子之间发生了冲突，大人邀请孩子一起找到可以让双方都接受的解决方案。双方都可以提出可能的解决方案，并且对其做评估，之后双方都同意的方案即为最佳的解决方案，然后一起来决定如何执行。不需要强迫，也就不需要使用权力。在这里，起作用的是契约型权威。

冲突本身不具伤害性。事实上，任何关系中都会出现冲突。若没有冲突，那可能意味着孩子过于害怕而不敢挑战家长或老师。正是“我赢、你输”或者“我输、你赢”的认知让冲突破坏了相互的关系。

心理学家莫顿·多伊奇，是合作与竞争问题方面杰出的思想者与研究者，在他的《分配公平》中，他清楚地指出：

> 在合作中双方会审视彼此的利益冲突，再通过大家的努力共同解决问题。这个过程尊重每个人的利益，并且针对所有人的需求找寻能获得最大认同的解决方案。竞争性的过程则有相对的不同，它强调在冲突中只能由一方通过强力、欺骗或投机取巧等手段执行强制性解决方案……

冲突与合作并不矛盾。若能允许冲突出现，并且能够创造性地、有效能地解决冲突，就可以避免长期以来由于输 / 赢模式，或者权力争斗而造成的对人际关系的伤害。P.E.T. 与 T.E.T. 课程正是基于这样的合作精神，通过使用无输家的方法，让大人与孩子可以找到能够让双方都能接受的解决方案。

这种方式不仅适用于大一些的孩子，在与小孩子的互动中也会有很好的效果。下面是 3 岁的简与她的妈妈解决冲突的一个简短对话。

简：我再也不想去保姆那里了。

妈妈：你不想在我上班的时候去克罗克特家里。

简：我不想去。

妈妈：我需要去上班，你还不能单独在家，去克罗克特家里你也不开心。我们能做些什么让你在那里可以开心点呢？

简：（沉默了一下）你走之后，我可以一直站在人行道上。

妈妈：但是克罗克特夫人需要你与其他孩子都待在家里，这样她才能知道你在哪里。

简：那我就站在窗户前看着你离开。

妈妈：那样会让你舒服一些？

简：是的。

妈妈：好啊，那下次我们就这么办。

在与婴儿互动时也可以使用无输家的方法，唯一的不同是这时的互动是通过非语言方式进行的。我还清楚地记得在我女儿朱迪还是个婴儿时的一个故事。

在我的大女儿朱迪五个月时，我们出去度假，住在一个可以钓鱼的湖边小屋里。在这之前，我们都倍感幸运，因为朱迪一直可以从晚上 11 点睡到早晨 7 点，这期间不需要吃奶。可是在这里，朱迪会在凌晨 4 点起来喝奶。在这个时间点起床喂她是非常痛苦的事情。九月份的威斯康辛北部，小木屋里温度不高，我们只有一个木炭炉。这就意味着我们需要烧火或者裹着毯子给她准备奶粉、热奶瓶，然后喂她。我们的确认为这是一个“需求冲突”的场景，需要解决这个问题。

我和妻子一起想办法，后来我们决定尝试一个新的方式。我们没有在晚上 11 点叫醒朱迪给她喂奶，而是在 12 点时唤醒她，给她喂奶，那一晚，她一直睡到早晨 5 点。进展不错。

第二晚，我们尝试给她增加喝牛奶的量，并且在差不多十二点半时陪她入睡。这个方法起作用了。第二天、第三天，她都一直睡到 7 点，这也正好是我们要起床并且准备去钓鱼的时间，那会儿的鱼最容易钓到。没有人输，我们都赢了。

尽管是非语言方式，解决问题的六步骤依旧穿插整个过程，就像下面这个小宝宝的家长所分享的：

宝贝在他的游戏围栏里又哭又闹，使劲地晃围栏，想要出来。我正在清理房间，因为稍后会有朋友拜访，我不能现在让宝贝出来（第一步：找到并且明确问题）。

我觉得自己可以尝试第三法。我开始想办法。首先，我把装了半瓶奶的奶瓶给他（第二步：想出可行方案）。他扔掉奶瓶，哭得更厉害了（第三步：评估解决方案）。然后我又试着放了一个摇铃在游戏围栏里（重复第二步）。但是他不想要，还是继续哭、继续摇晃围栏（重复第三步）。我忽然想起之前买的一个有包装盒的装饰品，在包装盒外面打着蝴蝶结。我从抽屉里拿出来给到宝贝（重复第二步）。宝贝马上不哭了，开始努力想要打开蝴蝶结（第四步：做决定）。他整整在那里玩了半个小时，我也在这半个小时里干完了家务活（第五步：实施方案）。

我会时不时就看看他，他一直着迷地玩着这个小玩意（第六步：后续评估）。

妈妈没有输，孩子也没有输——在这段非语言方式的互动中，他们都赢了。

我在这里之所以选用婴幼儿的案例阐明第三法，是希望让大家了解：就算是婴幼儿，这种方式也可以使用。

在孩子尚小时就开始使用无输家的方式，这是一种智慧并强有力的耕耘——在日后漫长的育儿过程中，你会有大收获。在孩子小时候用无输家的方式来解决一些小问题，然后随着孩子长大，开始解决一些棘手的问题（比如零用钱、手机及车的使用、过大的音乐声、着装等等）。其中最大的收获是：会很少碰到典型的青春期冲突。当孩子进入青春期，你的家里并不会像很多家庭一样，在孩子青春期时经历各种乌烟瘴气的事情，甚至出现悲剧，而是能够与青春期孩子愉快地相处。为何我敢如此预测？

如同许许多多的技能，无输家方法的使用同样也是熟能生巧的。在孩子较小时就开始使用这种方法，你会形成这样一种模式，在家里营造出共同解决冲突并且共赢的氛围。用的越频繁，再次使用也就越轻松。无论何时有一个新的冲突产生，你们的解决态度都会是："我要找到办法来满足我们彼此的需求。"而过往的成功经验会让你们更有信心应对下一个冲突。

经过长期成功地使用无输家方式，你与孩子在面对冲突时也就不再轻易将对方看作是对立方并且陷入到权力的争斗中。你们有了完全不同的视角，并且也非常清楚家里的规则。你们学习了该如何通过沟通而非争斗的方式解决冲突；学习了如何通过协商而非竞争的方式解决冲突；学习了如何让双方都得到满足而非单方面满足的方式解决冲突。现在，你会认识到冲突并不一定只能让双方来到谈判桌上，冲突也可以很快地、在非正式的安静氛围中得到解决。

不再将你看成对立面，青少年会开始重新看待自己的父母，子女开始将你视为朋友和支持者。在这样的关系中会有更多的相互喜爱与相互尊重。

解决价值观冲突

每个家庭都会出现用第三法也无法解决的冲突。每个家庭中都会出现无数价值观的冲突，诸如，孩子的价值观与信仰、个人品位、穿衣风格、生活理念以及朋友的选择。这样的冲突可以称作价值观冲突。有时，无输家的方法无法解决价值观冲突，年轻人通常将价值观看作是自己的事情，并且无法与别人商讨的。他们认为自己有权利选择个人的价值观、信仰及喜好，这与他们的人权有关。而今日的年轻人，也如同他们的父辈、祖辈，会为自己的权力而坚持。当大人试图强迫他们按照大人的模式生活时，他们就会反叛。他们不认为价值观冲突可以商量。

当孩子们清楚地知晓自己的行为会带给他人具体而实际的干扰时，他们通常都愿意通过无输家的方法解决。当他们的行为的确带给他人不便时，他们会愿意来解决问题，并且也会敞开心扉看到改变行为的可能性，他们愿意尊重他人的需求。当孩子们觉得自己的行为并未给他人带来实质性的影响时，他们便不会愿意去解决问题。

从这个角度讲，孩子与成人没有区别。有几个成人会只因为他人觉得有必要就去改变自己的行为呢？若想要成人开始解决问题，也同样需要让他们清楚知道，自己的行为的确给别人带来明确的影响了。

我们可以从中得到的经验是，想要改变他人的价值观，无输家的方式并非最佳。除非家长可以明确告知孩子其秉持的价值观会对孩子一生带来明确的负面影响，不然孩子会持有“此事不容商量”的态度。

下面是家长们提供的一些孩子们认为“不容商量”的行为：

打耳洞

穿超短裙、紧身裤、破破烂烂的运动鞋

把发型做成“凤梨头”

和家长不喜欢的孩子交朋友

想离开大学去做摇滚歌手

加入与父母不同的宗教教派

吸烟

不做作业

与其他种族或宗教的人约会

熬夜

在一些很愚蠢的事情上花钱

吸食大麻

以其中一条为例。假如我的女儿把头发弄成凤梨头，我能说出这个发型会带给我什么具体明确的影响吗？显然，凤梨头不会让我被解雇，也不会减少我的收入，不会影响我与朋友在一起，不会让我去不了网球赛，也当然不会让我长胖，不会影响我继续写这本书，不会浪费我的时间和财富。

事实就是我无法找到任何由于女儿留了凤梨头会带给我的实质影响，以及会有什么满足不了的需求，这一点上我无法说服女儿。可是为何我会想要去阻止她做这个她自己很想去做的事情呢？

难道家长和老师就没有办法去影响孩子们的价值观了吗？没有办法去转换这些孩子们紧抓不放的价值观？没有办法教导他们那些值得被信任的价值观？幸运的是，大人的确能够影响孩子的价值观——事实上是很强大的影响力。

首先，家长和老师们不断地在生活中教导、示范他们自己所秉持的价值观——通过生活中的事件、通过行为处事。越是良好的亲子关系，示范效果越是明显。这是因为孩子们更愿意去采纳那些由他们喜爱和尊敬的大人所传递出的价值观。

其次，家长和老师们也可以通过像咨询师那样分享自己所拥有的知识、经验以及智慧来影响孩子的价值观。但是，要提供最有效的引导，家长和老师需要按照下面的这些准则（这些准则也是通常会被资深咨询师们所采用的）进行：

• 确保自己被孩子或者学生所“雇佣”。也就是说，是孩子们想要得到你的服务，是孩子们想要从你那里获得专业型的权威。问问孩子是否愿意听你的观点。

• 确信自己清楚孩子们的真实需求及问题所在。这会帮助你决定哪些信息或者经验是适宜的，以及自己是否有相关的信息和经验。

• 分享而非说教；提供而非强加；建议而非要求。

• 不与孩子争论并且想要劝他们听你的；如果他们不听取你的建议也不要羞辱他们；当你感到他们在抗拒时，不逼迫。

• 让孩子去考量是否接纳你的建议。

• 运用你最有价值的工具：积极倾听。

许多大人都会由于强行灌输而感到内疚，而从孩子那里得到的回应也往往是：“走开”“别再烦我”“这是我的生活”“我早知道你会这么说”。

一位父亲与我们分享了他尝试有效引导的过程：

我儿子决定和邻居家的两个孩子一起在地里种大麻。其中一个孩子有肥胖的问题，同时还有严重的情绪问题。我和儿子分享了我对于此事的看法，仅仅分享了一次，我是这样说的：“只要不在我们自己的地里，你想种点什么那是你自己的选择，但是如果在我们自己的地里种大麻，会让我们陷入麻烦。你一定也知道，如果那个孩子被抓了，你也会被波及。更可怕的是，如果他拿这些大麻做交易，那么你也可能是交易者，这会是很重的罪行。”这就是我所说的——只说了一次，很明确地说出了我所想的。自那之后，我再也没有提过这件事。我不知道会发生什么，但是我感觉自己已经完成了我的引导工作，这也确实就是我所能做的。若是放在参加 P.E.T. 课程以前，我可能会就此和他争论到底。

无论价值观冲突是涉及家庭作业、吸烟、婚前性行为、穿衣风格、成绩、朋友的选择，还是毒品，你或许都不得不接受一个现实，就是无论是大人一贯的榜样作用还是大人提供的良好引导，或许都不起作用。而若要针对这些冲突采取行动，双方遭受的就不仅仅是价值观冲突带来的痛苦，更会遭受双方关系日益恶化的痛苦。你唯一的选择，就是接受你无法改变年轻人这个事实。一些读者或许还记得那段来自《塔木德》中的意义深远的祈祷词，恰恰适用于价值观冲突的解决：

主啊，请赐予我勇气，去改变我所能改变的；请赐予我静定，去接受我所不能改变的；请赐予我智慧，去分辨两者的不同。

家长与老师也常常需要这样的静定去接受那些他们所无法改变的，因为即使他们已经起到了最好的榜样作用、已经提供了最佳的引导，可或许依旧无法改变年轻人所秉持的价值观，他们与年轻人之间不可避免地会遇到这样永远无法解决的价值观冲突。

8

第八章 协助孩子自己解决问题

· 协助孩子解决问题 ·

· 不接纳的语言 ·

· 接纳：基本的协助态度 ·

· 如何外显出你的接纳 ·

前两章的重点在于如何影响孩子，使孩子能考虑到成人的需求——家长和老师如何协助孩子改变其不能被接纳的行为，并且支持孩子们遵守规则并且信守诺言。正如我们所看到的，较之基于控制的惩罚性方式，基于影响力的方式更能激励孩子们自发地改变行为从而帮助大人满足需求。

不过，在家长和老师没有意识到孩子的需求也值得被尊重，没有努力协助孩子时，即便是基于影响力的方式，也常常会失败。我将这个经验归纳为一条准则，希望每个大人都能常记心头：

除非孩子感到你平时会设法帮助他们解决问题，否则当你被他们的行为困扰时，他们亦不会帮你。

换句话说，只有孩子感到彼此是互惠的关系——公平、公正、平等，且可以双向沟通——孩子们才会主动改变自己的行为。

愿意合作并能为他人着想的年轻人会对大人的需求、感受及困扰给予回应，而他们的老师及家长也不断通过回应孩子们的需求、感受及困扰起到示范作用。如果大人总是不愿意帮助或者不知晓如何帮助孩子，那么当大人告诉孩子他们的行为带给他人困扰时，孩子们也不愿意改变或是做出调整。因此，对于家长和老师而言，学习如何有效地帮助有困扰的孩子也成为重中之重。

此外，当家长们能卓有成效地协助孩子解决问题、协助孩子满足自己的需求，那还会带给家庭另一个重要的好处。当孩子由于无法解决自己的问题而沮丧、不开心、烦恼时，往往很容易养成孤僻的性格甚至有自我伤害的行为。家长和老师往往无法接受这些现象——这些现象也很容易引起大人严重的焦虑并会使用权力来管教孩子，给孩子贴上“反叛”“孤僻”“破坏分子”“病态”“粗野”“自毁”“无法无天”“行为不良”“无教养”的标签。

通过学习和使用有效协助的技巧，家长和老师便可以帮助孩子避免出现这些不正常的行为。可惜，大多数家长都未曾意识到他们提供或者不提供协助是在防止或是引发那些最恶劣的事件，如吸毒、酗酒、逃学、抑郁、未婚先孕、偷盗、暴力、自杀等。

许多父母并不了解，孩子孤僻或自甘堕落的行为并不是与生俱来的，也不是因为看电视、不尊重权威或者是命运不好，这样的不正常行为是年轻人对未能解决问题的一种应对方式。他们以一种极端的方式来满足自己的需求、来释放自己的沮丧，他们试图用这样一种方式在一段关系中获得归属感，感到被重视。这也是年轻人间接挑战企图控制他的成人的一种方式，是他们对被伤害及权力被剥夺的一种报复行为。

许多家长，包括那些接受过高等教育的家长，都认为失败会有利于孩子的成长，认为成功及满足其需求会惯坏孩子们。事实上，已经有足够的证据证明若能为孩子成功地解决其问题、满足他的基本需求，将会帮助其成为健康、合作、为他人考虑、自省并且自律的人。因此，大人如果能帮助孩子解决问题、满足孩子的基本需求，孩子配合大人的可能性就越大。如果老师能学习一些技巧来协助孩子解决自己问题，并且通过这些技巧帮助孩子满足其本身的需求，那么教室里的管教问题就会越来越少。

难道当孩子陷入困扰时，大多数家长和老师都没有协助孩子吗？根据我的观察，我认为多数时候大人都未做到。我们多数人都的确要帮孩子，可是大多数时候我们所说的、所做的却并不被孩子看作是在协助他们，甚至恶化了当时的情形。家长与老师多半不是很好的辅导人员，他们本身并没有什么过错，可是孩子们总是抱怨说大人不是很好的倾听者、大人不理解他们。

那么是否有具体的、已被证明可以有效协助他人解决问题的方法和技巧呢？如果有，是否能教给家长和老师们呢？对这两个问题，我的答案都很明确——有。目前的确有有效协助他人解决问题的知识体系。那些在职业中使用这些知识的专家们被称作“协助专家”。他们通常在社会服务机构、教堂、精神健康机构及商业机构中担任咨询师或者治疗师，或者自营职业。这些专家包括心理咨询师、精神科医生、社会工作者、牧师咨询师、婚姻及家庭咨询师、个人咨询师等等。近几年里，我们也已经证明家长和老师们也能学会这些专业人士所具备的职业技能。

这些方法被称为“基本协助技巧”“咨询技巧”“引导技巧”。最初发现这些技巧的过程本身就是个很有趣的故事。

早在1940年，包括我在内的一群心理学研究生，在参加完当时刚刚在俄亥俄州立大学获得职位的卡尔·罗杰斯先生的咨询课程后深受影响，我们对人们陷入问题后，在寻求咨询师帮助的过程中到底发生了什么非常感兴趣。咨询师关上门后到底做了什么？是什么帮助了陷入问题的人？又是什么阻碍了他们解决自己的问题？

我们均接受过科研技能的培训，我们意识到需要通过录音记录大量的咨询环节。之后在俄亥俄州立心理诊所正是采用了这种方法。之前，从未有人尝试过这种方式。最初我们觉得为了不影响咨询的正常进行，最好不要告知当事人我们会录音。但是这违背了职业道德。于是我们决定将麦克风就放在当事人面前，并告知当事人录音的目的是为了研究，所有个人信息会被删除，并且每位当事人有权利决定是否接受录音的方式。事实上，几乎所有的当事人都同意可以录音，并且整个咨询过程也未受到影响。

这给我们提供了大量的原始数据，每个录音大约五十分钟，而我们有成百上千的录音带——这正是我们所需要的，我们可以从中找寻到一个好的咨询引导到底指的是什么。这些多数由博士研究生所参与的研究，指引我们开始了一个全新的科学领域——协助他人应对个人问题。在罗杰斯先生、教职人员及管理人员极具天赋和感召力的支持与指引下，这些研究生们后续均成为以当事人为中心的心理治疗领域的先锋。

这个新的研究领域已经得到很大的扩展。从最初只是关注于职业咨询师协助当事人的过程，扩展到了协助亲子关系、师生关系、领导与下属的关系、亲密关系、医患关系等等。

我们发现职业咨询师所采用的协助当事人的技巧也同样适用于其他重要的人际关系。这个发现最终指引我们开始研发新的项目，通过培训将这些协助技巧传授给那些非心理学专业的人士。在我个人的效能训练系列课程中，我们的讲师已经为上百万的家长、老师、学校行政人员、护士、社会工作者、医生、牙医及机构管理者提供了这样的培训。此外，还有其他的培训项目也是基于在研究中发现的这些明确的原则。

在本章我将会阐释基础协助技巧。但首先，理解解决问题的过程非常重要——人们成功地解决其生活问题时到底经历了什么样的过程？

协助孩子解决问题

成功解决由于未满足需求而引发的问题，人们往往是有意或无意地遵循了一些特定的流程。这个过程与前面章节中提到的六步法相同，可以总结为：

第一步　界定、明晰问题；

第二步　头脑风暴解决方案；

第三步　评估所有解决方案；

第四步　做决定；

第五步　实施决定；

第六步　跟踪评估。

我们看到，当孩子们需要得到家长或老师的支持来解决问题时，这六个步骤可以给家长和老师有效的帮助。显然，大人在孩子解决问题的过程中承担的是协助者的角色——所有这些步骤都是由大人协助孩子完成，而不是由大人主导。不过，对于婴幼儿，由于其受限于表达能力及经验，大人们在协助他们时就会更复杂一些。

由于婴儿及学语前的儿童还不能界定问题所在（第一步），也不一定能总是想出解决方案（第二步），他们的经验也不足以支持他们对解决方案进行评估（第三步），自然也就不能做出最佳的决定（第四步），所以大人在这个过程中不能仅仅只作为协助者。但是，孩子们在整个过程中依然扮演着重要角色：他们会通过非语言方式不断给大人线索。

在协助婴幼儿解决问题的过程中，大人有较高的参与度，孩子们几乎完全需要依靠大人才能满足需求。随着孩子长大，孩子们独立完成整个步骤的能力会越来越强——他们可以自己来界定问题、想出解决方案、评估这些解决方案并做出最佳选择。一位小学校长讲了如下的案例，正好是对上文的诠释。

学生：我忘记拿数学课需要的资料了。

老师：哦，你碰到麻烦了。

学生：是的，我需要数学书和我做的作业。

老师：能想到什么解决办法吗？

学生：我可以打电话找妈妈帮忙，但是她经常听不到电话响。

老师：这个办法有可能帮不到你。

学生：我也可以去数学中心那里借一本书，我也知道我的作业做到哪里了，所以我可以拿张新纸继续做下去。

老师：看来问题都解决了。

学生：是的。

大人在协助孩子时要尽可能少在第二步提出自己的想法，如此一来，孩子才会越来越不需要依赖家长解决问题。这也往往让家长和老师进入一个进退两难的境地——一方面要尽可能减少对孩子的干扰、保证孩子的独立，可另一方面家长也会质疑自己是否太过于吝惜自己的帮助。大概最好的准则就是尽可能保留意见，直到你确信如果没有你的参与，孩子的确不再有其他资源可以支持和帮助他了。另外，大家也很清楚，即便是同年龄段的孩子，他们解决问题的能力和独立性都有很大的差异。

对于稍大一些的孩子，大人同样可以以“过程指导”的角色协助他们来解决问题。在扮演这样的角色时，大人需要灵活地指导（领导）孩子们应用六步法来解决问题。大人必须要注意不去催促孩子。事实上，孩子们可能无须家长的指导就能自己将所有步骤完成。如果孩子需要指导，那就要留意孩子语言中的线索，清楚孩子是否需要进行到下一步。当大人判断出需要进行下一步时，可以用以下几种典型的引导方式。

从第一步到第二步："你感觉已经很清楚问题所在了，那就可以尝试想想有什么可能的解决方案？""准备好开始想办法来解决这个问题了吗？"

从第二步到第三步："会不会还有其他办法？""所有办法都想到了，我们就可以来评估这些方法了。"

从第三步到第四步："你好像知道哪个办法最好？""有没有你非常喜欢的方法？"

从第四步到第五步："现在有了最佳方案，还需要做哪些来实施这个方案呢？""做好准备来明确 3W（谁？何时？做什么）问题了吗？"

从第五步到第六步："现在你可以想想怎样才能确定自己的办法的确起作用了？""现在需要确定一个时间，到时就可以看看你的办法如何解决了问题。"

显然，作为一个过程指导，大人不应当过多参与内容部分，而是协助让解决问题的主人——也就是孩子清楚目前所进行的步骤。永远也不要忘记孩子才是要真正对问题负责的人，你不应当从孩子那里将问题承接过去而变为由你对问题负责，否则只会让孩子一直依赖你，让孩子失去了机会成长为具备有效解决问题能力的人。

许多父母在参加完课程后，会用文字记下来他们如何协助孩子来解决问题。很多人都很惊讶地发现，原来孩子们是如此的聪明机智——他们只是需要有这样的机会（当然也有完全的责任），就可以解决很多他们自己的问题。爱丽丝的妈妈在爱丽丝 2 岁时参加了课程，当时她正在攻读心理学的研究生学位，她在爱丽丝 10 岁时与我们分享了下面这个例子。

爱丽丝在学校里的表现很好，但是老师将她换在了另一个位置，那里总是有很多爱惹麻烦的男生。有天她回家后就哭了，情绪很强烈，她足足哭了 15 分钟。“这太不公平了”“我恨老师”“他太差劲了”“他不听任何人的”——她对于被换位置这件事非常生气。她也试着去和老师讲，可是老师却不听。发完火后，她渐渐平静下来。我说：“如果他不听你讲话，还有没有其他办法让他注意到呢？”她说：“好吧，或许我可以试试给他写个便条。”接着她就坐下来开始写便条，在便条上，她表示了对换座位这件事情非常生气，用这样的方式对待好学生，她觉得不公平，她希望能有机会自己选择位置。在她写的过程中，她也意识到要让老师听到每个学生的声音，真的很难。她将纸条拿去给老师，老师读了纸条。然后老师让她自己来选位置。这太出乎我意料了！

接下来的这段对话中，家长不小心参与到了第二步中，但是接着她就撤出了，由孩子自己完成了其他步骤。

杰瑞：妈妈，如果在别人院子里玩时把人家的晾衣绳弄坏了该怎么办？

妈妈：看起来你好像有些担心？

杰瑞：嗯。我不认识那个人，我跑掉了。

妈妈：你担心，是因为你跑掉了？

杰瑞：不是，我是被吓着了。他们会对我做什么？

妈妈：你害怕他们会因为你弄坏了晾衣绳而对你做什么？

杰瑞：不只是我一个人，奥兰也在。我们玩泰德邻居家的那个晾衣绳，后来它断了，我们就跑掉了。我担心他们已经发现了。

妈妈：哦，听起来你很害怕？

杰瑞：是的，妈妈，我该怎么办？

妈妈：你希望我来告诉你该怎么做？

杰瑞：哦，我知道你不会，那是我的问题。但是，妈妈，如果你是我，你会怎么做？

妈妈：好，杰瑞，如果我是你，我想我会有几个选择。我可以当这回事没有发生过，你不认识他们，他们也有可能一直都不会知道这是谁弄的。或者，我可以请爸爸修好它。或者，我会告诉他们是我弄断了晾衣绳，我会想办法修好它。我也可以要求奥兰帮我一起修好。我想我可以做很多事情，但是，杰瑞，现在，我确实不清楚我该怎么做。

杰瑞：哦。（沉默了一会儿）

杰瑞后来跑去客厅开始看电视。我起初以为他是打算就当这件事情没有发生过。过了一会儿，杰瑞突然起来跑了出去。过了大概一刻钟，杰瑞跑了回来，而且非常兴奋。

杰瑞：妈妈，我后来决定去告诉他们是我弄坏了晾衣绳，我很抱歉，而且我愿意把它修好。不过，妈妈，那位先生很和善，他说那个绳子总坏，让我别担心，还谢谢我告诉了他。他很好，对吗，妈妈？

这位妈妈后来又补充道：

当比尔回家后，杰瑞把整个过程又复述一遍给爸爸，他感觉很好。对杰瑞来说，这确实很让人兴奋。他自己感觉很不错，而比尔和我也感觉非常棒。他能够在没有外力强加的情况下自己做决定。自从家里开始运用 P.E.T. 后，这两年，家里的变化非常大。我们的孩子就是最棒的广告，他们为 P.E.T. 做了很多推广工作，因为他们很认可它。

家长和老师并不是每次都能看到所有步骤完整地完成。更普遍的现象是孩子们在明确问题的环节（第一步）中会释放掉情绪和感受，接着他们就停了下来，就像是他们所需要的仅仅是有人能倾听他的感受并且理解他们的问题。就像下面这个案例中的汤米，他的妈妈描述道：

他受伤后大哭不止。幼儿园里有些孩子会在一进门后就一边喊着“哎呦，哎呦”一边大哭，等着别人抱和安慰。汤米和他们在一起也学会了这一招。有一次他进来后开始叫着“哎呦”，其实并没有什么事情发生，我说道：“啊，看起来很痛。”然后他就走开了，没事了。之后，我就一直这么回答。孩子感觉被倾听了，可是到底是什么被听到了，你无从知晓，你只能假想。

汤米的妈妈意识到，孩子的需求仅仅是需要被接纳——他曾经受过伤、被吓到过、失望过、有过难过，也有过孤独。孩子们经常仅仅需要得到他人的肯定，或是分享那些让你开怀大笑的事，比如“看，妈妈，我的手不见了”“爸爸，快看，我可以倒立了”。有时，他们也只是想分享他们碰到问题，比如“我怕打雷”“我的膝盖好痛”。

不接纳的语言

传统观念认为，如果大人真诚地接纳了孩子，孩子就无法获得进步。几乎全世界的人都相信，若想帮助孩子让他们更优秀，就需要指出他们的错误或者指出他们哪里不被接纳。自然而然的，多数的家长和老师都会对孩子仅仅使用“纠正式语言”——评判、批评、说教、讲道理、指责、威胁、命令和指教——所有这些语言中都传递出对孩子的不接纳。许多其他孩子的照看者也会使用这种“不接纳的语言”。

近几年，这些根深蒂固的信念不断受到临床经验及相关研究的挑战。我们已经有足够的证据证明，能够协助他人的一个必须条件就是接纳当事人本身。这的确是个很有趣的矛盾体，不是吗？

在效能训练系列培训课程中，我们发现，很少有家长和老师意识到在每日与孩子们的沟通中有如此多对孩子的不接纳，并且是如此强烈地想要去改变孩子们。甚至那些认为自己一直比较接纳孩子的大人，也会对自己在与孩子沟通时使用批评与评价的频率感到惊讶。在 P.E.T. 及 T.E.T 课程中经常会使用一个小练习，它会让家长和老师们意识到他们惯常与孩子们沟通时所使用的语言事实上是“不接纳的语言”。

在这个练习中，讲师先扮演遇到麻烦的孩子，然后要求学员们一字一句将自己会回应孩子的话语记录下来。讲师收集了这些回应并对其进行分组。经过多年的收集，我们发现其中超过 90% 的回应都可以归入 12 种沟通类别中去。由于这 12 种沟通方式通常都传达着对孩子的不接纳，从而会阻碍与孩子更进一步的沟通，我们将其称为“12 种沟通绊脚石”或者“一打坏话”。

那么你会如何回应这些典型的问题呢？下面是一个 14 岁的男孩，他不想做作业，他对你说：“我没有办法继续写作业了。我恨死这些作业了。我恨死学校了。太无聊了。他们根本不会教给你任何生命中重要的东西——教的都是些垃圾。我要是再大一些，我一定会退学。一个人想要获得成功根本就不需要上什么学。”

在下表的左栏中我列举了来自学员们的典型回应。在右栏中，我指出了回应所归属的绊脚石类别：

回　　答	沟通绊脚石
只要是我的儿子就不可以退学——我不会接受。	命令、指示、要求
如果你退学了，就休想在我这里拿到一分钱。	警告、威胁
学习是一个人最能获益的经历。	教导、说理
你为什么不给自己设定一个完成家庭作业的计划？	建议、提供解决方法
一个大学毕业生要比一个高中毕业生多挣一倍。	训诫、教导、摆事实
你真是鼠目寸光，你的想法太幼稚了。	分析、评判、指责
你很有潜能，你曾经是多么好的学生啊。	表扬、恭维
你说这话就像是个地痞无赖。	谩骂、嘲笑、羞辱
你之所以害怕学校，是因为你不够努力。	解释、判断、心理分析
我知道你的感受，等到了高年级你就会觉得好了。	同情、支持、使其安心
不上学你打算干什么？不上学你怎么生活？	质问
餐桌上不准讨论问题。最近篮球打得如何？	转移注意力、开玩笑

这些回应容易给孩子带来负面感受，孩子们往往会有下面的反应：

不再说话

开始防御、抵抗

争论、报复

自卑、自我否认

怨恨、生气

内疚、自责

感到不被接纳

感到你想要改变他

感到你不信任他有自己解决问题的能力

感到你要替他解决问题

感到不被理解

反思自己不应当有这些感受

被打扰、思路被打断

感到被误解、沮丧

感觉自己像是在接受审问

认为你对他的问题并不感兴趣，想要摆脱问题

我注意到，当孩子们碰到问题时，多数的家长及老师们都会使用绊脚石中的一种或两种来回应孩子，少有例外。有人擅长“给建议”，有人擅长“做判断”，有人擅长“说教”，有人

擅长“安慰”，有人擅长“道德说教”等等。你是否也从中发现自己常常使用的方式了？

家长们在与我面谈时也分享了他们使用沟通绊脚石的故事。迪米的妈妈和我分享了当她避免使用沟通绊脚石后，迪米的反应。

迪米从托儿所回来，从来不提上午发生了什么。我会直接问他，但是他不愿意回应……之后我留意到，如果我直接问问题，他很少会回应我。我也是学校的老师，可是我的孩子却不愿意回应我，你知道这有多让人沮丧吗……我首先发现我的问题本身会将孩子置于不情愿的位置，他不愿意答错，所以他选择了宁肯不回答也不愿意答错的方式。在之后的一周里，我尝试听听自己所讲的话，发现我的声音是如此的尖锐、刺耳。这个察觉让我倍感羞耻。这种严肃的检察官似的姿态在教室里很管用，可是对于我5岁的儿子则太过分了，他只能通过沉默来抵抗。之后我发现如果我用温和的方式问他，他就会回答。如果我能够耐心并且认真地听他讲话，他就会提到学校里发生的事情……就这样，渐渐地，他对我敞开了心扉并愿意让我听到他内心的声音。

当孩子们说“我爸妈根本不听我的”或者“老师根本就不想理解孩子们”或者“我根本没有办法在爸妈面前说说我的问题”时，那就肯定是因为家长或老师们大部分都习惯于用12种沟通绊脚石中的一两种方式来回应孩子。在大卫·阿斯比与芙洛拉·罗巴克的《全国人性化教育联合报告》中，可以清楚地看到老师们也在大量使用不接纳的语言。报告中的核心结果如下：

• 在老师群体中体现出的对孩子的同理心理解、真诚度及对孩子的尊重，其平均水平与整个人群一样。

• 老师及学校行政人员在对人际关系提供协助方面的技巧使用上，低于最小阈值。

研究者在结论中指出，多数的老师及校长使用协助技巧的频率很低。

接纳：基本的协助态度

正如之前所提到的，真诚地接纳一个人本身的样子，正是能够让他发生实质性改变、支持他人解决问题的关键性因素，也能够更好地帮助他拥有健康的心理及更丰硕的学习成效。这是生命中一个美好的矛盾体，当人们感到被他人真诚地接纳时，他们就会释放，自由地探寻自己的发展、成长及改变，对自我有更深入的探索。

接纳如同肥沃的土壤，在这肥沃的土壤中，一粒小小的种子会释放出生命的力量，开出它最绚烂的花朵——接纳能够让每个人发掘出自己生命的潜能。

在我的职业生涯中，我认为最高的奖赏莫过于，我发现每位老师和家长都能够学会更好地接纳孩子、与孩子真诚地沟通。当他们学会如何接纳、如何体现接纳后，他们发现自己居然具备了一种非凡的能力——可以支持孩子来应对许许多多的人生必答题。

当然，仅仅做到接纳孩子、避免使用沟通绊脚石，还不够。还要让对方感到被接纳，这意味着你需要将自己的接纳体现出来，需要活灵活现地传递出来，而且公开地讲出来。如何有效地做到这些正是接下来将要讲述的。

如何外显出你的接纳

有三种方式可以外显出你内在的接纳：不干扰，专注、安静地倾听，积极倾听。大家对前两种比较熟悉，对最后一种或许会稍感陌生。

1. 不干扰

大人在克制自己不去干扰孩子的过程中就能体现出接纳。孩子们会将家长及老师并没有对自己所说的话提出异议，解读为对自己的接纳。但是，大人发现自己经常无法保持不去干扰孩子。试想孩子正在海边堆建沙堡，家长们总会友善地提醒："离水远一些""你要把沙子弄湿一点""不要那么湿""你要用力压实""你的城堡旁边没有护城河吗""你这么堆，它会倒的""来，我来帮你"。当孩子们听到这些时，他们就不再认可自己才是建造沙堡的"工程师"。此时若能闭口不言，反而传递出了接纳。孩子们会感到："我正在做的是对的，爸爸接受我用自己的方式建造沙堡，我可以用自己的方式来解决问题。"

2. 专注、安静地倾听

在他人分享感受及问题时，保持专注并且安静地倾听对方的讲述，是第二种表示接纳的方式。通过眼神的沟通及身体语言让对方知晓你在关注他。下面这段对话是一段专注、安静倾听对方的很好的范例。

孩子：我今天被叫去校长办公室了。

家长：哦？

孩子：是啊，弗兰克先生说我在班上讲话太多了。

家长：哦。

孩子：我没法忍受那个老顽固。他坐在那里一直念叨着他的麻烦、念叨着他孙子，他还希望我们所有人都能感兴趣。你无法想象那有多无聊。

家长：嗯，是啊。

孩子：你不可能傻坐在那里什么都不干啊，那会疯的。所以他说话的时候，我就和简妮一起开玩笑、聊天。他绝对是你能想到的最差的老师，碰到这样的老师简直快把我逼疯了。

家长：（保持安静）

孩子：我想我可能会慢慢适应，好像也没有办法总是能碰到很棒的老师。差劲的老师更多一些，如果总是受差劲的老师影响，我的成绩会下滑，那我就没有办法读好的大学了。那我岂不是害了我自己。

在这段对话中，妈妈通过专注、安静地倾听，陪伴孩子走出了由于被叫去校长办公室而出现的情绪。妈妈通过这样一种倾听方式体现出对孩子的接纳，而孩子也在这种接纳的力量下感到安全，从而更愿意说出为何被罚、更敢于去宣泄自己的情绪、更能看到由于自己不满差劲的老师所产生的负面想法可能会带来的后果，并最后自己总结出这样的结果是对自我的伤害。

较之上面这位妈妈所采用的倾听方式，我们更多的家长通常的回应是：

“你说什么？哦，你不能再这么说了！”

“好吧，看，都是你自找的。”

“谁才是教学的专家？”

“亲爱的，你必须学会一分为二地看事情。”

你大概也能想象到，这样一些传递出不接纳信息的回应方式，只会阻碍孩子继续往下说，更无法给孩子机会来自己思考、应对问题。

3. 积极倾听

专注、安静地倾听就能传递出倾听者的接纳，但是对于倾诉者来说，他无法知道倾听者是不是真的准确理解了自己。有一套有效的沟通方式可以让倾诉者知晓自己被准确理解了。在我们的课程体系中，会花较多的时间教会大家使用积极倾听。积极倾听最初出现在以当事人为中心进行的咨询与疗愈中，有时也会被称作“感受反馈”或者“反馈式倾听”。在积极倾听的过程中，倾听者不再是保持沉默，而是通过双向交流的方式更为深入地参与到沟通中。首先，倾听者尽可能将所有的注意力集中在理解倾诉者所传递出来的信息上，接着倾听者用自己的语言将自己对信息的理解复述出来（我们称其为反馈）。通过这样简单的反馈步骤，倾听者会让倾诉者通过正面的方式感到自己被准确地理解了。没有感到被理解，自然就无法感到被接纳。

下面的图示即是这个技巧的使用过程。请注意：我提到的亲子之间的沟通方式及技巧，也适用于任何两人之间的沟通。

任何时候，当孩子想要传递信息时，几乎都是孩子有了需要被满足的需求。孩子感到不舒服了；需要被安慰了；沮丧了、害怕了、饿了、冷了。或者换种说法，孩子处在了失调的状态。比如孩子的手指被割破了，她很害怕。孩子没有直接说出自己内在的害怕——那是一种复杂的发生在孩子内在的心理过程。为了告诉爸爸自己内在的这种感受，孩子首先需要选择一个信号或者代码，并希望这个信号或者代码可能会让爸爸知道这是她害怕的一种表示。这个过程可以称作“编码”。孩子表述出来的是这个编码而非害怕本身。

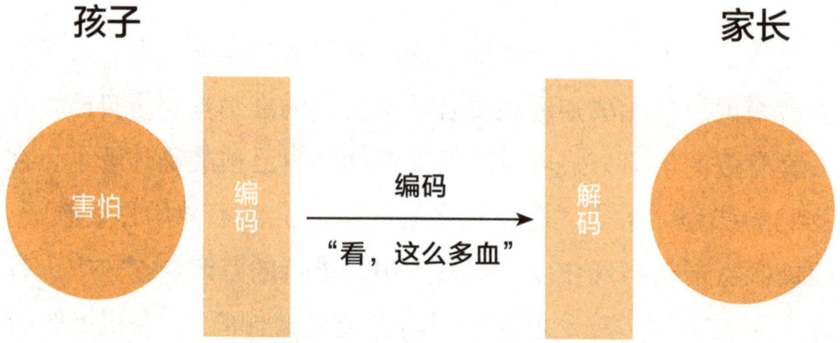

爸爸收到这个编码信息后，他需要解码来理解到底在孩子内心发生了什么。在这个例子中，爸爸准确地感觉出孩子是害怕了。但是，爸爸还是不能确定孩子是不是真的害怕了，为了核实自己的理解是不是正确，爸爸需要将他认为自己听到的内容反馈出来。他并没有发送一个与自己有关的信息，而是通过重述的方式给孩子反馈，如下图所示。

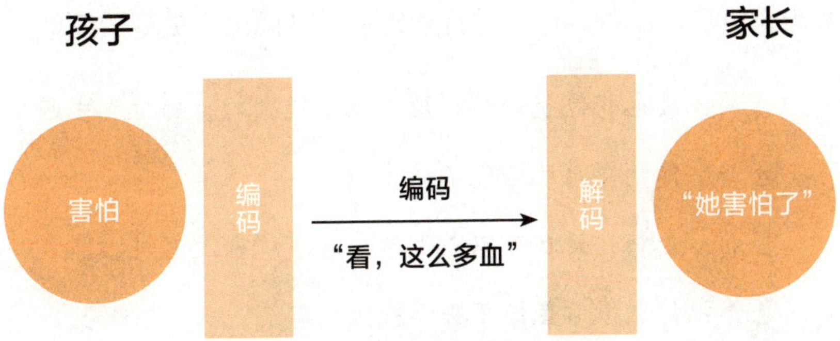

这个给反馈的过程，正是积极倾听中很重要的一环，这是因为：（1）孩子能够了解到自己是不是被准确地理解了；（2）从接下来孩子的反馈中，爸爸就可以知晓自己是否理解了孩子。

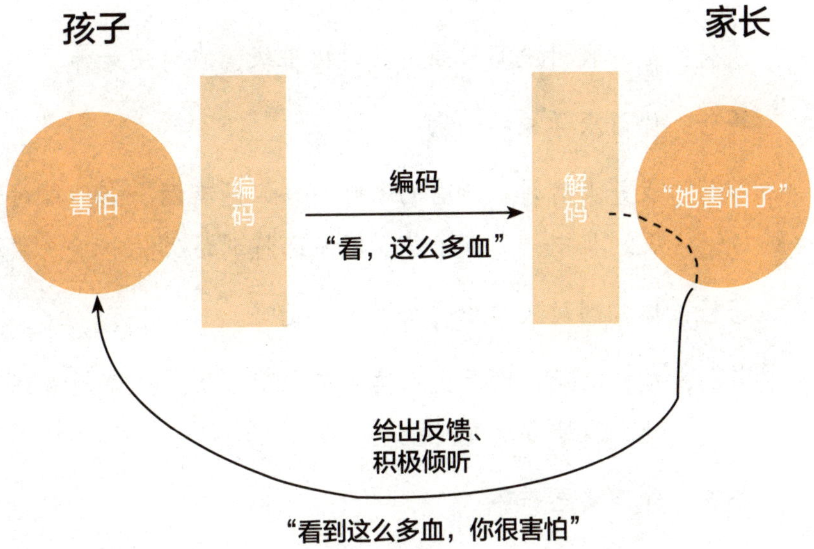

在这个例子中，孩子可能会给出如下的回应："我很害怕""是的""嗯，对"。如果爸爸并没有理解孩子，那孩子可能会说："不是这样""嗯……并不完全是""你不明白"。

在接下来这个例子中，大家可以看到莎莉不断纠正爸爸在积极倾听后给出的回应，并且在纠正后又说出了更多的信息。

莎莉：我也想像芭比那样得个感冒什么的。她运气真好。

爸爸：你觉得自己运气不好。

莎莉：是啊，她就可以不上学，而我从来没有过。

爸爸：你也很希望能不去学校。

莎莉：是，我不想每天都要上学——日复一日，真的很烦人。

爸爸：你很不想去上学。

莎莉：我有时讨厌去学校。

爸爸：看来不是不想去，而是有时很讨厌去。

莎莉：是，我讨厌写作业、我讨厌班级、我讨厌老师。

爸爸：你讨厌学校的一切。

莎莉：我并没有讨厌所有的老师——只是有两个老师很讨厌。其中一个我尤其受不了，特别讨厌。

爸爸：你特别讨厌其中一个老师，是吗？

莎莉：是，就是。巴乐夫人真是让人受不了。我不想看到她。我还要忍受她整整一年。

爸爸：你还要忍一年。

莎莉：是。我真不知道怎么熬过这一年。你知道她都做了些什么吗？她每天先要长篇大论一番。她会这样笑着（模仿）站在那里然后告诉我们一个有责任的学生该怎样怎样，她还会把所有你如果想要拿到优秀就必须做的事都念一遍。真让人恶心。

爸爸：你很讨厌听这些。

莎莉：是，按她讲的，那根本就不可能得到优秀。除非你是天才或者你是老师的宠儿。

爸爸：拿到优秀的条件太苛刻了，听到就已经让人很泄气了。

莎莉：是。我不会成为老师的宠儿。那样会很不招其他孩子待见。我已经不是很受同学们欢迎了，我觉得很多女生都不喜欢我。可是我不知道为什么会这样。（落泪了）

爸爸：你不是很受欢迎，你很难过。

莎莉：是啊。学校里总有些女生很受大家欢迎。我也好想能成为她们中的一员。可是我不知道该怎么办。

爸爸：你很希望能加入她们，但是你不知道如何做。

莎莉：是这样。我不清楚如何加入她们。她们并不是长得最漂亮的——不是所有人都很漂亮。她们也不是成绩都很优秀的。她们中有的人成绩的确很好，可也有人成绩不如我。我就是不知道该怎么办。

爸爸：你搞不明白怎么才能成为这个团体的一员。

莎莉：嗯，不过她们都非常友好——她们很善于聊天、很善于交朋友。她们会主动向你问好，而且能很轻松地和你聊天。可是我却很难做到这样，我不擅长这些。

爸爸：你觉得这些优点是她们有而你没有的。

莎莉：我清楚自己不擅长讲话。如果单独和一个人聊天，我没有问题，但是如果是和很多人在一起，我就不知道该怎么办了，只能保持沉默。我不知道和别人说什么。

爸爸：你感觉和一个人在一起比较自在，和很多人一起会不舒服。

莎莉：我总是很担心自己会说错话，会显得自己很傻、很笨。所以我就站在那里，然后就渐渐被大家忘掉了，真的很难受。

爸爸：你很不喜欢这种感觉。

莎莉：我讨厌被排除在外，但是我又不知道怎样加入到谈话中去。

在这段对话中，你是不是也看到莎莉不断地探索自己并找到了更核心的问题所在，并且加深了对自己的了解，为解决问题起了个好头？你也可以看到莎莉的爸爸，如同咨询师那样，放下了个人的想法及感受。积极倾听就是需要这样，在你倾听他人时，需要将所有的专注力都放在倾诉者身上，并进行解码，然后再根据解码进行反馈。另外，也请注意，莎莉的爸爸在给出反馈时都是以“你”开始，这暗示爸爸关注的是莎莉的想法和感受而非他个人的（就像对方用“我—信息”表述个人想法和感受）。

接下来是一段来自师生间的对话，也可以看出积极倾听是如何进行的，效果如何。

学生：我们很快就要进行测验了吗？

老师：你担心马上会有测验？

学生：不是。我只是不清楚你会用什么样的方式测验，我害怕写论文那种形式。

老师：哦，你害怕我们的测验会是写论文的方式。

学生：是，我不太擅长写论文。

老师：明白了，如果是选择题你会感觉好一些。

学生：对啊，我总是会搞糟论文考试。

老师：考试会是多项选择题。

学生：太好了，我就不用一直担心了。

在这段对话中，老师最初给的回应并不是学生真正问题所在，所以学生会再次尝试阐明自己的信息，直到确保老师完全理解了自己的困惑。

我不知道该如何强调态度和动机在积极倾听过程中的重要性，如果没有正确的态度和动机，那么积极倾听就会变得非常机械、不够真诚，像是在耍花招。积极倾听是一种媒介，通过这个媒介，我们希望他人知晓我们的接纳：我非常理解你现在所经历的，我接纳你现在所有的想法及感受。为了更好地将这个信息传递给对方，下面的条件也很重要：

（1）你必须是真的想要听孩子表达。这意味着你要花时间来听。如果你没有足够的时间，请如实告知。

（2）你必须是真诚地想要在当下、就这个问题来协助孩子。如果你无法做到，请如实告知。

（3）你必须真诚地接纳孩子当下的感受，而这个感受可能与你自己的感受及你认为孩子应当有的感受不同。你必须持有不去改变孩子想法的态度。

（4）你必须对孩子充满信任，信任孩子具备解决问题或者应对情绪的能力。这些信任需要时间培养，在你观察孩子是如何解决问题的过程中会渐渐培养起来。

（5）你必须明了这些感受是暂时的而非永久的。感受会不断变化——恨会成为爱，泄气可能瞬间就转换为了希望。因此，当孩子的感受表达出来时，请不要担心，这些感受不会永远存在。积极倾听的过程会将这样的真相呈现在你面前。

（6）你必须能够将孩子看作是独立于你而存在的——他是一个完整、单独的个体，他并非你的“一部分”，而是一个独立的拥有他个人生命的个体。这些理解会有效地支持你来协助孩子。你需要陪伴他，但是要让他本人来经历他的问题，而不是你对他的问题负责。

（7）你必须带着同理心站在孩子的角度来理解他的感受。暂时将自己放在孩子的位置，尝试思考从他的角度能看到什么。这样会使积极倾听成为最好的沟通工具，让对方感受到这份有着真诚并带着同理心的理解。

（8）你必须有勇气来冒险，有可能当你听到对方的话语后你会改变自己的观点、态度及价值观。在深深信任他人的过程中，你也让自己重新诠释了个人过往的经验。一个充满抗拒情绪或者心灵贫乏的人，是无法接受与自己相差甚远的看法的，只有当人的内在丰盈时才能打开自己的心门，去听到那些和自己不一样的声音。

当这些条件满足后，我可以保证，你的积极倾听将会传递出理解、接纳、对他人作为个体的尊重。你也会看到孩子是怎样自己解决问题的——这也是积极倾听带给你的最美的馈赠。除此之外，你还会发现被你倾听过的孩子，渐渐地也会倾听有了困扰的你。

在许多研究报告中都提到了积极倾听作为咨询引导方式的非凡效果。卡尔·罗杰斯先生在他的代表作《当事人中心治疗》一书中，他综合分析了之前做过的以倾听为主的咨询引导，得出了一些结论。其中最为重要的结论如下：

- 增加正面的自我评价与自我关注态度的频次。
- 减少负面的自我评价与自我关注态度的频次。
- 在咨询的结束阶段，更多出现的是正面的自我评价。
- 在咨询过程中，会提升咨询者对自我的接纳——也就是说，人们会觉得自己是一个有价值并且值得被尊重的人。
- 在一次成功的咨询之后，人们会看到自己的负面情绪减少了，目标感增强，并且更加独立、更有能力应对人生的困惑，更趋于人格的整合而非分裂。

让我来总结一下本章的重点，并且说明其在与管教相关的讨论中的重要性。

我不断重点提到，所有孩子都会出现那些让家长无法接纳的行为。这时家长就会想要改变孩子的行为，这无可厚非。家长们会希望能够影响孩子让他们学会考虑家长的需求。为了能有这样的影响力，家长就需要被孩子视为在他们需要帮助时可以给予支持的人。换句话说，孩子需要在亲子关系中感受到双向的交流与公平。当家长在孩子碰到困扰时能好好地倾听孩子，随之而来的就是孩子也会更愿意在自己的行为带给家长困扰时来倾听家长。

家长们在获得协助他人能力的同时也会有额外的获益。在本章中所提到的有效的协助技巧，都会防止那些家长不接受的行为出现在自己孩子身上。当孩子有了没有解决的困扰、有了未被满足的需求，甚至出现了由于无法摆脱的沮丧感而引发的自毁行为或者反社会行为时，同样在学校里，当孩子由于强烈的沮丧感而不断给老师找麻烦时，如果家长和老师拥有了这样的技巧来支持孩子们，协助他们解决自己的问题，这些孩子的那些无法被接纳的行为就会逐渐减少。纪律也就不再是个问题了。

9

第九章
积极倾听：无所不能的人际技巧

· 调解孩子之间的冲突 ·

· 确保有效的团队讨论 ·

· 更加温暖的师生情 ·

· 协助技巧相关的科学文献 ·

· 学习协助技巧的其他收获 ·

在前一章里，我主要介绍了积极倾听作为一种咨询引导技巧如何协助孩子们来解决问题。事实上，这绝非积极倾听唯一的功能。在倾听过程中体现出的温暖、富有同理心的理解以及对对方的接纳，这些都有着更广泛的益处，或许，积极倾听可以被称作“无所不能的人际技巧”。它在协助各种不同类型的沟通过程中都体现出了作用，比如调解孩子之间的冲突、确保有效的团体讨论，当然通过使用积极倾听，师生间也增加了更多的温暖与相互关怀。

调解孩子之间的冲突

积极倾听可以有效地协助孩子来解决他们之间出现的冲突。新英格兰的一位老师在她参加教师效能训练时，分享给大家下面这个案例。安是一个四年级的孩子，她的某些行为使她不太受别的孩子欢迎，没有人想要和她坐同桌。罗拉也如同大家一样，不想和安坐在在一起。

安：老师，罗拉不跟我坐在一起，而且也不和我讨论。

罗拉：那是因为安不做作业，还总是讲话、到处乱跑，还在我的本子上写字。

安：我没有写，我只是假装要写。

老师：孩子们，好像你们两个人都遇到了麻烦，我愿意听你们讲讲各自的情况，或许可以找到一些头绪，甚至找到解决的办法。

安和罗拉：好啊，我们要怎么做？

老师：试着告诉我你们现在的心情，我会很认真地听。

安：罗拉说要和我坐一起，可现在又不同意了，她根本就不愿意，她开始同意只是为了要讨好老师，这样你就会喜欢她。我真的很想和她一起做功课。

罗拉：我一开始确实想要和你坐在一起，可是你会干扰我做功课，而我想按时交作业。你自己不在乎作业的事，还想让我和你一样。

老师：安，你说你要和罗拉一组，可是现在两个人在一起不是很开心。罗拉，你说你愿意和安一组，可是她不认真做功课，你们在一起相处很难。那么，我们看看有没有什么办法可以解决这个问题呢？

安：罗拉可以更耐心一点来帮我。

罗拉：我可以不和她一组，独立做功课。

安：你可以把我们的桌子分开。

罗拉：（并非很严肃的）你可以给安的妈妈写个纸条，告诉她安是多么讨厌。

安：（非常生气）告诉罗拉的妈妈，她自以为自己很了不起。

罗拉：安可以坐下来做她自己的功课，不去到处胡闹。

安：罗拉可以慢一点，等等我。

罗拉：我们可以再来一起试一试。

老师：我现在把写下来的办法都念一遍，看看哪一个办法最好。（读了一遍）

安：我们再试试，如果还是不行，我们就把桌子分开。

老师：我可以给点建议吗？你们现在都清楚了对方为什么不开心，那是否可以再试一天呢？试着不做那些让对方苦恼的事情。今天放学时可以来找我，告诉我这个办法是不是有作用。我们可以继续聊一聊，并努力解决现在的问题。我也知道的确可以分开桌子，但那只是一个简单粗暴的方式，你们都已经长大了，可以用更好的方法来解决这个问题。

后来：

两个孩子现在在一起做功课。到目前为止，已经过去了两天，她们没有再提起要把桌子分开。安之前总是会用极端的方式来“测试”自己的朋友，从而确定她们之间是否存在真正的友谊（这或许是由于过去她的朋友经常会与她结束友谊，而她在这些过程中受了伤害）。但至少现在，安已找到了一个朋友并且可以一起完成功课。

我很想与大家分享这个例子。你可以看到，就在几分钟里，老师就给安示范了一种全新的处理人际关系的方式。通过多次重复这样一种方式，安可能会彻底改变她之前与同龄人相处的无效方式。老师用真实的语言来教导孩子——这不仅仅是作为某门课程的老师来给予学业上的帮助，更是在培养孩子“健全的人格”，这正是教育家们所倡导但是在学校却不多见的情形。

确保有效的团队讨论

老师们经常抱怨无法让孩子们参与到课文的讨论中，老师要么放弃讨论而继续使用讲课的方式，要么只能和少数几个愿意开口的孩子进行讨论。无论哪种方式，大多数的孩子都会因单纯地听讲课，或者无法参与到讨论中感到烦躁，从而出现干扰课堂的行为。这种情景也常见于孩子与家长一起吃饭或者一起旅行时，因为父母所谈论的话题往往不能引起他们的兴趣。

其实多数孩子在有效的引导下，是愿意积极参与到讨论中的。只是，掌握了有效协助团队讨论的技巧的人并不多。

事实证明，积极倾听能够有效地帮助家长及老师，带领孩子们开展活泼并有意义的讨论。通过使用积极倾听，参与讨论的组员们能够感受到自己为团队所做的贡献被接纳及被尊重，这会进而鼓励那些害羞的队员也加入其中。此外，由于这是一个基于尊重的倾听方式，参与者会逐渐开始使用这样的尊重彼此的倾听方式。

一位小学高年级的老师与我们分享了一个案例，他采用了积极倾听来协助以孩子为中心的讨论。

真的很有帮助。引导十一二岁的孩子们来了解这个世界，是一项很艰巨的工作。我既诧异于他们所讨论的事情中有很多都没有太大意义，但同时他们又如此有自己的见解。有时他们讨论的事情是一些鸡毛蒜皮的小事，比如现在餐厅的饭食质量需要提高。但是他们也会很认真地探讨一些严肃的话题，比如"什么是诚实""是否有些人有权利控制其他人"。这样的话题在我到了大学甚至毕业之后都未曾得到过答案。我难以想象还会有其他的比这种班级会议更好的方式来解决孩子们之间关于信息、关于感受的冲突。

接下来这段对话来自一个班级的团体讨论，老师们仅仅是通过积极倾听的方式来厘清并重述。

老师：读了美国与西班牙的战争，我很想知道你们都了解了什么，有没有什么特别的心得。

伯特：我原以为会很枯燥，但并没有。昨天我和亨利在车上还一起探讨，我们对这本书将史实呈现出来感到很惊讶。我阅读过的许多关于美国的历史书籍上通通都只会说美国人如何好。

亨利：（插入）就像我们看到的，在美国内战中林肯解放了所有的奴隶。

老师：这本书与你们之前读过的书有很大的不同。你们感觉作者没有撒谎。

玛西亚：我不认为其他书就一定是在撒谎。那些书只是告诉了我们故事的一个方面，遗漏了其他方面。

亨利：那不是撒谎是什么？如果我只是告诉大家我们的橄榄球队在上周五与中央球队的比赛中得了两个触地得分，赢了185码，拦截了一个传球，开出了悬空球，这样他们能算是看全面了吗？（事实上，中央球队以45:15赢得了比赛。）

所有人：（大笑）

老师：亨利，你认为保留部分史料就如同欺骗，而我们读过的一些参考资料就有这样的情况。

亨利：是的。就是这样。当我们去比较不同书籍内容时，你甚至觉得它们所讲的是不同的战争。

南希：那么怎样才能成为史学家呢？他们所写的历史都是发生在很早之前。这很难不带有个人偏见啊。

薇格：是啊。我姐姐说历史学家都是沙文主义者，只会写男人伟大的事迹，却没有人去写勇敢的女人。即使有，也只是告诉大家他们看到女人也可以拿起武器，也可以忍受困苦时是多么惊讶。

老师：如果我理解得没错，你们是在质疑人们是否具备能力可以毫无偏见地描写历史？你们认为作者个人的观念会影响他们如何看待并描述这段历史？

南希：就是这个问题，所以我们为何还要这么麻烦地读这些书？

伯特：你跑题了，南希。重点是不要仅仅因为是书上的内容就轻易相信。我认为我们应当多阅读一些书，而不是更少。

南希：较少。请说是“较少”，而不是“更少”。

伯特：算我说错了。不过，无论如何，要多读书。

亨利：是。我在想在西班牙的历史书里是如何写这段美西战争的。

薇格：如果是男人写的，就跟我们看的一样，不过是沙文主义的又一次体现。

玛利亚：有人听过女性历史学家吗？

薇格：没有。这就是为什么在书中那些重要的事情都是男人做的，男人是唯一重要的人。我记得在八年级时，我读过一本书，上面只有三页内容是介绍“美国历史上的伟大女性”。真是让人难过。

老师：看来薇格你感觉女性被历史学家们忽视了。

薇格：是的。

亨利：好吧，那到底在美西战争中，女人做了什么？我不觉得女人的问题跟我们现在的谈话有什么关系。

玛西亚：当然很有关系，你刚才不正在主张要如实说出全部的历史吗？如果历史里少了女性的部分，那也就是没有全面地说出事实啊？

亨利：是，可是女性根本就没有做什么。她们不会去签署条约，也无法影响政府，也不可能成为船长、探险家什么的。

薇格：这就是我正在谈论的态度问题。你读的书都是男性写的，所以你认为一切都是男性所为。我并没有想要声称女性是全能的，我只是想说女性被这些书籍遗忘了，这样的做法让女性感到被藐视了。

老师：看来你们对于谁写了历史很感兴趣，尤其对历史是否存在偏见很感兴趣。就像薇格提到的女性的部分。这的确与我之前对你们的认识不太一致，我之前一直认为你们只是喜欢这本美西战争的书。

薇格：那是亨利和伯特说的。

伯特：说什么？

薇格：你说你们喜欢这些书。你们说这些书公正地描述了战争，没有再试图美化美国。可是，这些书还是没有能够说到女性，还是不够公正。我姐姐正在大学里参加一些关于女性研究的课程，她有很多资料可以让我们去评估一本书里是否对女性持有偏见。我会找她帮忙评估一下这本关于美西战争的书，下周我就可以告诉你们结果了。

伯特：那么其他的偏见呢？

老师：你们很有兴趣找出历史书籍字里行间的意义，不只是对女性的忽视，还有许多其他方面，是不是这样？

亨利：是，我们如何对我们读的书做出判断呢？

老师：薇格说她会和我们分享一些评估办法。伯特建议我们可以广泛阅读，亨利建议我们也可以比较其他国家的历史书。那还有别的方法吗？

玛利亚：我认为我们可以找专家。我们可以邀请一名历史学家来给我讲讲并回答我们的问题。我的邻居就在大学里教历史，或许我可以邀请他来。

薇格：另一个男性历史学家。（耸耸肩）

玛利亚：我觉得他挺公平的。事实上，我们可以直接问他关于历史书上的性别主义。

南希：老师你也可以给我们一些书里列出来的参考书目。

老师：你是说课本上的吗？

南希：是的。

玛西亚：我想我们应该先做这一部分的工作，然后再来探讨美西战争的历史。我忽然觉得或许我以前所读的东西都可能不是真的，刚刚薇格所说的，我觉得很有道理，的确我读过的书都没有提及女性的贡献，那书里其他内容还值得被相信吗？

老师：你认为在继续阅读之前，的确应当学习一些评估历史书籍的知识。

玛西亚：是的。（所有人都赞同）

老师：好。那让我们看看接下来每个人都要做点什么。我会在下周二之前从阅览室里借好相关书籍。薇格，你什么时候能和大家分享呢？（分配好所有工作）

不到十五分钟，班上所有人从对一本关于美西战争书籍的讨论中，转变为对所有史料书籍观点是否够全面，以及如何进行评估的探讨中。积极倾听在这个深入而又富有意义的讨论中起到了重要的作用。

许多老师都告诉我们，他们之所以不愿意改变站在讲台上一个人讲课的方式，是因为除这种方式之外，其他方式并不会带来什么新意。但事实上，是因为很多老师并不了解该如何引导和协助学生进行讨论。许多老师都未曾听说积极倾听也可以作为教学工具。教育研究者大卫和芙洛拉指出，在中学教学过程中，百分之八十的时间是教师在说话。除非老师们学会了如何协助孩子主动地在课堂上进行讨论，否则学校的纪律问题永远得不到根除。而积极倾听正是鼓励学生融入探讨所不可缺少的方式。一位参加 T.E.T. 课程的老师也在他的报告中着重提到了这一点。

我认为阻碍我们的一个原因就是我们没有将积极倾听认为是一种教学工具。在我们部门，我们都被要求要使用各种新的技巧来引导讨论小组。我们已经在两年里不断接受这方面的培训。但是直到最近几天，当我知晓了积极倾听后，我才做到了更好地引导。现在，我理解了为何以往的讨论最后都会沦为闲谈，或者只能最后由我一个人讲——当然，有一点不同，我是和大家坐在一个圈里，而不是站在讲台上。在其他一些课程中，他们告诉我们要“不给评价”，可是从来没有告诉我们如何做到“不给评价”。当我开始使用积极倾听后，讨论才真正地成为讨论。我很享受真正的讨论，孩子们也都很积极地参与。

正如这位老师所发现的，积极倾听是很强大的工具，在它的帮助下，孩子们会开始讲话并且思考、澄清观点、发问，这样营造出来的氛围会让学生感到自己能自由思考。只是，目前这种方式尚未在学校普及。当然，随着系统的培训，老师们会越来越擅长协助孩子，并让他们以自己为中心参与到班级讨论中，而纪律的问题，则在无形中被化解。

更加温暖的师生情

尝试回忆一下在你求学过程中遇到的那些你喜爱的老师。

多数人只能想到其中一位，偶尔会有人能想到两位，只有很少的人会想到更多的老师。在世界各地，学校及师生关系都很遗憾地给大家留下了不尽如人意的差口碑。

“孩子们不会从自己不喜欢的人身上学到东西”，这是一本书的书名，同时又明确地说明了师生关系的好坏会直接影响到孩子们的学习效果。在学生时代的我们，若是碰到喜爱的老师，我们就会下足功夫去学习。

在自己喜爱的老师面前，孩子们会努力学习，也比较遵守课堂纪律，不会故意捣乱、不会故意惹麻烦。惹麻烦往往是孩子对老师不满的一种表现，也会对老师说过的话或对待学生方式有抱怨。

虽然有很多因素可以促成好的纪律、好的师生关系，但最有效的莫过于学生们所在班级的氛围是开放的，孩子们被鼓励说出自己的想法和观点，孩子们感到自己的想法和观点能够被老师理解、尊重与接纳。

家长和老师们往往会在孩子们表达强烈或者激进的观点时，尤其是双方观点相左时，无法做到倾听，而孩子们又往往会有与大人不同的观点。积极倾听恰恰能转换这样的沟通方式，进而改善彼此的关系。

当孩子感受到来自大人的理解与尊重时，他们的内在也会体验到对自我价值与自我重要性的认可。这种因被理解而产生的满足感，加上提升的自尊感，会使孩子产生对老师及家长的正面感受。在对孩子们进行同理心倾听的过程中，大人也会越发了解孩子，并且能够从孩子的角度来看待事物。这种方式的倾听就像是与孩子一起走在人生之路上，能真实地体现出关心、尊重与爱。许多孩子都从未有过这样的体验，当孩子们第一次感受到这样真实的理解与接纳后，他们会被深深触动。他们了解到自己的感受和观点被接纳，他们感受到可以做真实的自己，他们发现可以自在地探讨他们感到有趣和重要的事。

当老师用积极倾听的方式来同理性倾听一个有困扰的孩子，或是发生了冲突的两个孩子，甚至是促使全班同学就历史问题进行探讨时，在孩子们身上都会有效果——孩子们会对自己感觉良好，也会更喜爱自己的老师。因为老师对他们的看法和感受也有兴趣并且也很尊重，孩子们会感到很有价值，有了更多自我价值的认可。他们喜欢这样的感受，自然也会喜欢能支持、协助他们产生这些感受的大人。师生之间的相互关心、相互尊重也就随之而来。

在这样的师生关系中，不仅老师们遇到的纪律问题会变少——越来越少的叛逆与抗拒，学生们也成为更加自控、负责与自律的人。

这样的假设最初并不被大家所接受。一开始那些参加教师效能训练的老师们往往会质疑为何要学习同理心倾听。他们争论说：“我们是老师，不是咨询师，我们的职责是教会学生信息与知识，而不是要去倾听这些肤浅的讨论。”

学校的行政管理人员和董事会成员也会要求减少对老师们积极倾听技巧部分的培训。他们看不到老师作为倾听者、协助者、引导者时所产生的效力与学生掌握知识之间有什么直接的关系。大家都有个根深蒂固的认识：“对孩子好固然好，但是你总要教会他们东西啊。”

事实上，已经有不少的资料与例子都证明了以学生为中心的、带着同理心的协助技巧也依然会帮助老师们完成传统教学中的目标：学术成就、良好的参与度、创造性的思维、强烈的学习动机和自律。

协助技巧相关的科学文献

在大卫·阿斯比与芙洛拉·罗巴克的一项针对从幼儿园到十二年级、涉及 600 位老师及上万名孩子的研究中，根据学生的老师是否参加过同理心倾听、接纳、尊重及将孩子视为个体的培训而将学生们分成两组。从参加过培训的老师所培养出的学生身上可以看到：

- 一年中的缺课次数较少（每个孩子少于四天）
- 数学及阅读的学术考核成绩分数更高
- 更加主动的思考并且思考问题的深度有提升
- 智商测评成绩提高（从幼儿园到十五年级）
- 从九月份到次年五月，创造力成绩提高
- 自尊测量中评分提升
- 故意破坏学校财产的行为减少
- 较少出现纪律问题

在参加过协助技巧培训的老师所带领的课堂上也发现：

- 更多学生愿意交流观点
- 更多学生的问题得到了解决
- 更多学生会主动发言
- 更多学生对老师有语言回应

- 更多学生愿意问问题
- 更多学生积极参与学习
- 与老师有更多的眼神沟通
- 更多的肢体活动
- 更高的认知水平
- 更具想象力

而那些没有参加过培训的老师的班级上，孩子们的自尊评分都较低。研究者解释说：在这些班级中，学生未能学会自爱。

在由人性化教育全国联合会所进行的逐项研究中，发现在课堂上有较强同理心的老师，通常也会有以下的特质：

- 更多地回应学生的感受
- 在师生互动中会更多地采纳学生的想法
- 与学生有更多的探讨和对话
- 经常赞美学生
- 真实并且真诚地表达自己的想法
- 更愿意根据学生当下的需求调整教学计划
- 面对学生时有更多的笑容
- 更重视学生的成果和创造力，而不是去评价他们
- 更少强调成绩和测验
- 师生间会合作制定学习目标

在另一项由罗巴克指导的研究中发现，教师学习使用协助

技巧，最重要的收获是教室里干扰他人的行为减少了。这项研究在二年级到六年级中的 88 个班级中进行。研究者们从同理心理解、对学生的尊重和学生对老师指令的参与度，对老师们进行测评，并且在一个月里记录了班级里干扰他人的行为出现次数。她发现：如果老师同理心不强，又不尊重、不表扬、不接纳学生的想法，那么学生们干扰他人的行为会较多出现。

我在之前有所提及：师生间若能相互关心、相互尊重、相互爱戴，那么纪律问题就会明显减少。孩子们并不愿意给那些关心和尊重自己的老师找麻烦。那些用来处理纪律问题的时间也能更好地被用在教学上。

学习协助技巧的其他收获

学习协助技巧的另一个收获是，当孩子的行为带给你困扰时，孩子会愿意与你配合，你能够影响孩子们，改变他们的行为。在第八章中，我提到了这个原则：除非孩子感到你平时都会设法帮助他们解决问题，否则当你被他们的行为困扰时，他们亦不会帮你。

这样的互惠会发生在所有的人际关系中。当你开始使用协助技巧时，你便会感受到这一点。此外，在你获得影响力的同时，你也自然会少使用权力来改变孩子的行为。因而，你自然不用去处理那些反叛和抵抗的行为（“抗争”型的反应）或者是逃避、躲避的行为（“逃离”型的反应）。在你的协助下，孩子们更加自律、自控和为自己负责。他们也开始从全新的角度尊重你，这时孩子们不是因为你的权力权威而尊重你，而是他们对你合理满足自己需求的尊重，因为他们也曾在你那里得到过同样的尊重。

或许使用协助技巧最大的收获是无论在家里还是在学校，孩子们的问题越来越少。正如我们已经了解到的，不开心或者需求被忽视的孩子更容易滋事。而又恰恰是这些不开心的、处在麻烦中的、需求被忽视的孩子会被训诫、被管教。使用协助技巧的家长和老师碰到的问题不一定减少，但是无法解决的问题一定会越来越少。你的协助技巧可以支持孩子获得更多自己解决问题的能力，这个获取能力的过程也帮助他们更加自信并且不再无助。

P.E.T.

PARENT
EFFECTIVENESS
TRAINING

10

第十章 大人为何放不下对孩子的管教

· 孩子会被“惯坏”的信念 ·

· 性本恶理论 ·

· 应对亲子冲突的二元论 ·

· 骄纵是一个神话 ·

· 对待“民主”的态度 ·

· 对培训的抗拒 ·

· 美式家庭对变革的恐惧 ·

· 学校里变革的阻碍 ·

尽管在每日的生活中，无论是在学校或是家里，奖惩的使用总会带来不计其数的麻烦；尽管无论是家长或是老师，当他们想要通过奖惩来控制孩子时总会遭遇失败；尽管有充足的研究已经证实基于权力的管教是无效且有破坏性的，可是许多家长、老师及教育者们都会执着于一个信念——一定要管教孩子。甚至有为数不少的“人性化教育”和“以孩子为中心的养育”等先进理念的倡导者也会为奖惩做辩护，认为奖惩在孩子们的健康发育过程中是必需的。而且实际上，我很难找到心理学家或者教育家会将管教看作是低效、过时并且是一种有伤害性的养育方式，即便是想找到小部分这样的人也不那么容易，但是在过去四分之一世纪里我一直在倡导这个理念。

美国宾夕法尼亚州心理学联合会的一份调查报告中指出，多数心理学家会打自己孩子的屁股，同时有半数人认为学校可以选择使用棍棒。

下面这个来自雷登与雷洛兹的研究报告提供了学校里相关人员支持使用体罚的数据。

人员	支持体罚比例
校董	81%
校长	78%
行政管理人员	68%
老师	74%
家长	71%
学生	25%

为什么全世界的人都很难放弃管教孩子呢？在接下来的内

容里，我将会尝试找出原因。

孩子会被“惯坏”的信念

很多人都相信，如果大人总是协助孩子满足需求那么孩子就会被“惯坏”。持此态度的大人会认为孩子们会无限制并且贪婪地索取。“惯坏”意味着孩子们变得以自我为中心、自私、不考虑他人、无纪律、贪得无厌、无法承受沮丧，以及许许多多你能够想到的那些与“溺爱”有关的负面词汇。

当深陷会惯坏孩子的焦虑与恐惧中，家长和老师们就开始倾向不去满足孩子们的需要。一项研究数据表明，在新西兰有69%的妈妈认为孩子是有可能被“惯坏”的。正是出于这样的恐惧，参与这项调查的妈妈们都会压制住发自内心的爱与温暖，并且会压抑自己想要帮助孩子成长与发展的热情。

显然，家长们并不了解，孩子们对亲情等亲密关系的渴望与生理需求（饥饿、口渴等）并无两样，都有要满足的时候。许多大人也并不知道，当需求被满足后，一个人更有可能迎来健康、美满的人生。

性本恶理论

大人无法放下对孩子的管教也来源于另一种普遍的信念，认为孩子是不能被信任的，认为人性本恶。这种对待孩子的态度强烈地影响了西方文化中的养育理念。因此也就出现了把孩子内在的恶魔“打走”的实践。这种异乎寻常地对人性负面的看法根植于历史。

在早期的育儿手册中，可以看到下面这样的描述：

自控、服从、对权威的认知以及对长者的尊敬，都来自早期的训练……如果在孩子哭时马上抱他或者喂他，那么孩子一定会成为暴徒，母亲也绝对不会在孩子醒着时得到丝毫的安静；另一方面，按时喂养、按时睡觉、按时玩耍、哭闹时不予以回应的婴儿，很快就能从中得到有用的教训，他们开始自控、开始尊重权威，而不是遵从于他们的个人意愿……尽责的妈妈应当随时、无论事情大小，与孩子斗争并获得胜利。

尽管现代的家长已经不像从前那样将孩子看作是“恶魔”，但依旧会认为孩子总是在满足个人意愿，总是自私自利。

新西兰心理学家皮特·库克与一位目前居住在澳大利亚的 P.E.T. 讲师，对由性恶论观点所衍生的负面影响做了清晰的描述：

这种不信任孩子的观点，会导致大人想要去控制大一点的婴儿，通常是用威胁或者惩罚的方式。控制的目的是想让孩子认识“对”“错”，让孩子服从。这样的方式表面上可能会很成功，但有时需要付出代价，经常也会导致亲子冲突、孩子情绪不稳及抗争行为……这种理论（对孩子的不信任）……往往要自圆其说……认为孩子顽皮是对其天性管制的失败，认为这天性是原始且野蛮的、是恶的，必须加以适当的训练，可能的话可以不必太严厉。但是孩子如果抗拒训练，那就需要强制的做法。推而广之，暴力则被公然认可，甚至还被看作是有益的。而且，在这种训练下教育出来的孩子，若依旧顽皮不堪、让人头痛，孩子性本恶的理论就再次被肯定，同时还会被认为是因“训练及惩罚不足”而失败的。

1946 年，在约翰·莱斯撰写并出版的《管教与修正孩子》一书中，再次出现了这种诋毁和蔑视孩子的论点。作者宣传旧时的这些传统应当在孩子一出生就开始应用，甚至应当在婚礼宣誓中就提到。

旧时的传统正在逆袭，即便是对待睡在摇篮里的孩子。多少次我都看到那些已经喊叫、哭闹了半个多小时的孩子在父亲或者母亲强有力的一声呵斥中瞬时安静下来。只要打几下屁股，孩子也会马上不再反叛，并且会向父母认错，只要从父母那里获得了原谅，他们往往会在几分钟内安静地睡着。

莱斯也相信孩子的本质是恶的，“父母，犹如上帝，需要使用惩罚和奖励”，而上帝支持家长们管教孩子：“缺乏管教就会在众人面前出丑”“鞭打会让孩子远离地狱。”

如果人们相信孩子一出生就带有恶，那理所当然就会认为孩子必须被引向正途、被规范、被控制、被限制、被约束、被管教。若是对孩子的本性有这样一种扭曲的认识，那么使用体罚甚至更严酷的惩罚，也就不足为怪了。

应对亲子冲突的二元论

除上面的论述外，另外一个让大人无法放弃通过权力管教孩子的原因，是被广泛秉持的一个信念，即当面临生活中无法避免的亲子冲突时，只有一方能赢。在参加过效能训练的家长和老师中，最初认为只会出现这样输赢结果的人占绝大多数（我估计超过 90%），这可以称作是一种二元论——“要么我得到我想要的，要么孩子得到他想要的”“我输了，那孩子就是赢家”。没有人会因为在冲突中失败而感觉良好，所以唯一能做的就是在有可能拥有权力的情况下，运用权力来赢取胜利，这正是许多家长与老师所做的。

正如之前我所提及的，家长和老师们有必要学习第三种方案：无输家的方法。无输家的方法，即第三法，这种方法邀请冲突的双方都参与到问题的解决过程中，共同寻找到让双方都接受的方案，即这个方法在满足家长需求的同时也能满足孩子的需求。

我认为二元论的思维方式是导致家长和老师们无法放弃使用权力的主要原因，使用权力是第一法（我赢、你输）所要求的。他们错误地假定如果放弃使用第一法，那么唯一的可能方案（也是让人讨厌的方案）就是第二法（我输、你赢）。当人们认识到第二法并不是唯一的选择时，他们就会慢慢放下对使用第一法的捍卫。他们拥有了另外一个选择——第三法，也就是在满足孩子需求的同时，大人也能确保自己的需求得到满足——无输家。

骄纵是一个神话

有一种普遍存在的认识，认为今日孩子们所有的错都源于父母的过度骄纵。我称之为“对骄纵的误解”。这让人们将所有孩子们身上出现的坏事都归因于骄纵，诸如青少年犯罪、滥用毒品、暴力、婚前性行为、酗酒、辍学、破坏公共设施、反抗权威等。

并且这种对骄纵型养育方式的责备也被强加于本杰明·斯波克博士身上，斯波克博士是《斯波克育儿经》的作者。我认为这非常不公平，斯波克博士的理念被大众歪曲了。仔细阅读斯波克博士的书及其发表的文章，就可以清楚地看到斯波克博士赞成“制定规则”，并且对“服从型的养育”和“无法坚定”的方式提出警告。他建议家长们“要让孩子们清楚地知道他们该做什么、不该做什么……并且要留意孩子看他们是否遵守了规则”。

最终，历史也会承认斯波克博士为家长们做出的卓越贡献。他向所有家长们分享了自己作为儿科医生的专业知识和经验，这让父母们拥有了养育孩子的信心、减少了焦虑，更重要的是，随着家长们对孩子的接纳，让孩子们获得了身心健康。若用效能训练中的术语表达，那么可以说斯波克博士帮助许许多多家长扩大了行为窗口中的无问题区——也就是说，在斯波克博士的帮助下，家长眼中那些孩子们的不可接纳行为减少了。随着家长接纳度的增大，他们与孩子们一起的生活也更为愉快，而相互关系也更为融洽。

正是这些卓越的贡献，我非常尊敬与崇拜斯波克先生。但是，我也希望人们能够了解斯波克博士是一位富有经验的儿科医生，他与读者们所分享的也主要是医学知识。这些知识可以帮助父母们有效地解决健康、营养、睡眠、卫生、常见病相关的问题。但同时，也能理解他在心理学方面、咨询技巧、亲子关系、沟通技巧、解决问题技巧、冲突解决技巧、权威与权力、应对机制、价值观冲突、奖惩及民主养育等方面的局限。但是斯波克博士的确不应当被贴上“支持骄纵”的标签。

骄纵到底意味着什么？首先映入脑海的是对孩子缺少控制——给孩子过量的自由、对他们过分的宽松。当反思骄纵会引发大人的担心与恐惧时，大人能够想到的唯一应对方式就是转为严厉，并开始对孩子施加更多的控制、更严格地限制孩子们的自由，开始制定并且强调规则，开始使用父母的权威。这样的非此即彼的做法多次出现在提倡敢于管教的养育书籍中。

我坚信这些作者们犯了严重的逻辑错误。一开始，他们将骄纵错误地视为邪恶；接着吓唬父母们，让他们相信唯一能挽救的方式就是实施父母的权力——也就是，要严格、要设定规则并且严苛地实施、要有坚定的界限、要使用体罚并且要求服从。

为何骄纵这个概念仅仅是个神话？现在我们已经有充足的数据证实，骄纵孩子的家长数量甚少。事实上，多数家长采用的是之前提及的体罚方式。《关闭的门》的作者在书中写道：

> 有300万到400万的孩子有过被踢、被咬和被用拳打的经历，有100万到200万的孩子在成长过程中挨过打。

这听起来像是骄纵的世界吗？或许更准确的说法是这个世界被权威型家长所操控，都试图用体罚的方式去控制孩子。

那如果不是骄纵，又是什么原因导致孩子们步入歧途？正如在第四章与第五章中所提及的，事实指向了严厉的、基于权力的惩罚。大量的研究发现，青少年犯罪都与家长强权型的惩罚有关，那些频繁使用体罚的学校往往会出现更多的恶性破坏行为，那些恶性案件的罪犯的成长环境中，也往往充斥着更多来自家长的打骂。

显然，并不是骄纵型家长塑造了这些反社会者、少年犯和刑事罪犯，而恰恰是这些严厉、强权、惩罚式的家长。这些陷入麻烦的孩子们往往是被家里忽视或者不正确对待的孩子，他们会对抗、反叛甚至逃离这样的家庭。这些没有幸福，而有着怨恨、反抗、愤怒甚至想要报复的情绪的年轻人没有自由；他们拥有的是太多的控制、太多的管教，太多的痛苦和禁锢。

下面，我来阐明自己的观点。对于养育孩子的方式，无论是严厉地管教还是骄纵，我都持反对意见。首先，在家里或者学校（比较少见），骄纵孩子无论是对大人还是对孩子来讲都无益处。当孩子们被允许任何时候都去做他们任意想做的事时，他们不再考虑大人的需求及权利。他们会拒绝做自己分内的事，这个家里的工作与他们无关了。如此一来，家长或者老师在权益上受损，而孩子们也因此会感到被抱怨，他们也会生气、不开心。

使用骄纵方式的家长和老师，与孩子们之间的关系并不融洽。孩子们会为自己对待他人的方式感到自责；也无法感到自己被爱，因为没有人会去爱一个不懂得尊重他人、自私自利的孩子；由于总是只顾自己，在日后交友的过程中他们也会向别人索取一切，就像他们曾经对家长和老师所做的一样。

希望现在大家清楚了我为何认为家长既不应当严苛也不应当溺爱，不能强硬也不可软弱，既不是强权也不是骄纵。养育本身并不是这样非此即彼的二选一。这些非此即彼的养育方式对于孩子和亲子关系而言都是有害的。

总而言之，许多人都被欺骗了——认为孩子们的不对劲是骄纵带来的恶果，唯一的弥补办法就是使用强权及严格的惩罚式管教。这样的认识本身就有两个问题：首先，骄纵的方式本身就不多见；其次，所有让人心寒的证据都显示，恰恰是强权和惩罚伤害了孩子们并将它们推入误区。那我们到底需要什么呢？我们需要的是一套全新的、不同的对待孩子的方式——家长在使用这种方式时，既不充当独裁者也不再是受气包。

对待“民主”的态度

人们对于民主团体及民主的领导方式持有偏见，是另外一个让大家不愿意放弃用权力管教孩子和学生的原因。在我们的效能训练培训课堂中，所有的讲师们都听到了来自家长、老师、学校行政管理人员及公司经理们，对民主领导方式强烈的负面评价。在效能训练课堂中，常常会听到如下言论：

一组人讨论就意味着做不出决定。

因为领导们知晓得更多，所以应当由他们做最后决定。

骆驼是一个委员会设计出来的马。

我们三个孩子的票数就会超过我们夫妇的票数。

团队决策只会导致一地的无知。

商业不谈民主。

民主的团队意味着低效。

总要有人来拍板。

民主管理作为一种管理家庭、班级、团队或组织的一种方式，似乎并没有获得大家的信任。

在我们的国家，我们在学校里教育大家说民主是我们的价值观，但是却未曾提及如何做到民主。我们所教的内容与我们如何做之间存在着较大的差距。因此，很少有年轻人会有民主团队的亲身体验——无论是在家里还是在学校。真实的情况又恰恰是无论他们是在学校还是在家里，总是有个人“掌控”着，总是会有人在制定规则并且通过奖惩来让大家服从这些规则。这也就不奇怪当这些孩子长大成人并且成为父母后，并没有任何参与民主决策的经验。

在一篇推荐学校通过民主的方式让孩子们学会自律的文章

中，作者弗洛伊德·佩珀和斯蒂夫·亨利这样写道：

能唤醒孩子们自律的民主准则和价值观包括平等、相互尊重、责任分担和共同决策。在一个民主化的班级里，学生和老师需要一起设定计划，一起参与到教、学、思、课堂氛围的组织及实施中。

不幸的是，或许连千分之一的孩子都无法有上述的经历与感受。

对培训的抗拒

几乎所有专家都认为，让家长及老师们在放弃“孩子必须被管教”的理念之前，应当首先让他们了解其他一些方式的有效性。同时，也毫无例外，在他们真正觉得自己具备足够能力之前，他们需要做些练习来掌握这些更为有效并且是非强权方式的技巧。可是，无论是家长还是老师都依旧对要去“参加一个课程”有着一种抗拒。

当家长们在养育孩子时碰到一些麻烦，通常他们都会来指责孩子：吉米是个“麻烦的孩子”，苏伊“情绪有问题”，大卫“屡教不改”，凯文是有“多动症”，琳达就是“不服从权威”，瑞恩有“情绪障碍”，皮特是个“坏孩子”。

这些孩子的家长很少会去问问孩子出现的这些问题，是否与自己无效的养育方式有关。所以每当亲子关系被严重破坏时，家长们首先出现的想法就是要把孩子带去哪里修整一番——“咨询引导”“调整”“管教”，甚至“治疗”。

也有许多家长会由于家庭出现了问题而对这个社会指责一番：随处可看的电视，权威的失落、毒品的泛滥、大家庭的败落、离婚率的提高、没人照料孩子、对基本道德的怀疑、财富的累积等。尽管我不能说这些因素不会对家庭产生任何影响，但是我认为对这些社会问题过分的关注会限制我们进一步思考，到底是什么让孩子们误入歧途，为何亲子关系会如此频繁地被破坏。这样一些固化的思维转移了家长们的关注点，让家长们不去思考自己养育技巧的缺乏——而这恰恰是养育孩子中至关重要的一点。

在 P.E.T. 项目中，我们也了解到家长们不去寻求父母培训的其他一些原因。

1. 爱孩子就够了

对孩子的爱是如此重要，但是对孩子的爱并不足以成就效能父母。成为一名效能父母还包含下面的因素：陪伴孩子的时间长短；同理心倾听的能力；对孩子行为的接纳度；使用“我—信息”的概率；知晓当双方出现冲突时可以采用无输家方式解决；等等。另外，父母们对孩子的爱并不是源源不绝、取之不尽的。我的经验让我看到，如果家长无法有效地应对孩子的不可接纳行为，家长就会由于无法满足自己的需求而产生怨恨并且会愤怒。随着时间流逝，家长们会开始讨厌（是的，甚至会怨恨）自己的孩子，就像婚姻双方中总是感到不满足的那一方。

2. 现在没有什么严重的问题

许多对预防措施的抗拒都源自这样的理念。但是如果你没有严重的病症出现，为何依旧要健康饮食？为何要锻炼身体？

为何要戒烟？父母恰恰是通过培训来获取可以预防问题发生的知识与技巧。若是待亲子关系恶化时，怕是一切已晚。

3. 其他家长才需要参加更多培训

通常“其他家长”指的是贫穷、未受过教育的家长。多数人都认为只有在这些家庭中长大的孩子才会出现违法乱纪、中途辍学、自杀及滥用毒品的情况。但是事实并非如此——这些问题在各种各样的家庭中都会出现。

4. 还有时间——我们的孩子还小

持这种态度的家长未能意识到，在孩子幼时即已开始发展自己的行为模式，诸如对他人的体贴、自尊、责任感、自信，反之亦然。家长们需要在孩子尚幼时就学习这些效能技巧——将这些技巧的效能最大化。

5. 问题孩子往往来自破碎家庭

依我看来，并非如此。事实上，问题孩子也往往是婚姻破裂的原因之一。在亲密关系中缺乏有效沟通技巧，也往往意味着亲子关系中的沟通也一样缺乏效能。问题孩子与破碎家庭确实可能相伴而生，但并不意味着破碎家庭伴生出了问题孩子。

6. 我们不是精神病人

很不幸，参加父母培训有时会让人认为在做心理治疗，尤其是当家长们看到有些培训环节与“心理学”相关时。事实上，参加父母培训并不是说你已经“病”了，这就像是你去参加主日学校并不是因为你有罪。父母培训是一个教育经历，不是接受治疗——它旨在预防而非治疗。

7. 养育我的孩子，没有人会比我更专业

这个认识反映了对父母培训的一种误会。父母培训并不会告诉家长该教给孩子什么，也不会给家长提供家里各种各样问题的应对方案。它只是教会家长一套已经被证明行之有效的双向沟通的技巧和方法，一种可以协助孩子通过自己的方式解决自己问题的技巧和方法，一种可以有效解决亲子间冲突的无输家方式。与任何人的良好人际关系都需要这些技巧，包括与你的配偶、朋友、同事及配偶的父母。

美式家庭对变革的恐惧

另一种对于放弃权力管教的抗拒来自害怕传统的美式家庭会发生变革。这一点在支持权威式养育的作者们的作品中可以看到，这些作者们也往往会坚持自己的保守议题。

我偶尔会听到对 P.E.T. 课程的严厉批评，这些批评者将家长培训看作是对家族制度的一种威胁，他们担心这个培训在强调女性和儿童权力并且鼓励亲子间坦陈、无保留的沟通的同时，会削弱父亲在家中的威信。事实上，P.E.T.（与其他同样成功的父母培训体系）在倡导民主家庭模式及其有效性的过程中，会间接对那些非民主家庭产生威胁。

历史已经告诫我们，恐惧往往会引发强权——引发更多对他人的控制、引发对严惩的推崇、引发对人们自由的限制。由罗纳德·里根带头开始的学校里的“旧式的良好管教”已经让我们见证了这个骗局。强权往往被我们视为可以应对恐惧的武器——如同一个永久的可以依靠的盾牌。在《权力之上》一书中，作者玛丽莲·弗兰奇严肃地指出了这一现象：

权力被人们视作尊贵的壁垒，以为可以通过拥有权力来抵抗痛苦、让快乐永恒，但是这样的保障从未在我们的生命中出现。高压政治表面上看起来操作简单，并且耗时少，但事实上却比人们之间的交流、劝告、倾听以及参与并促使团队和谐更为耗时且烦闷。

当我读到这段文字时，我注意到弗兰奇针对高压政策所提出的其他选择方案，与我在人际关系中所倡导使用的方式之间的相似性，虽然我们用了不同的术语来表述。

她使用的“交流”，正是我提出的“面质和预防性‘我—信息’”；

她使用的“劝告”，正是我提出的“影响力”；

她使用的“倾听”，正是我提出的“积极倾听”；

她使用的“参与并促使团队和谐”，正是我提出的在解决冲突时使用的“第三法——无输家”。

男人往往会对放弃家里的权力产生抵触——对妻子和孩子的权力。他们最大的恐惧是害怕孩子们一旦有机会将不再服从，他们害怕如果放弃坚持诸如“父亲说得才对”或者“父亲是家族的领导”这样的理念，那么孩子就会被惯坏。但是，根据我的经验，对这个理念及方式的执着，带来的是对婚姻中双方关系的破坏以及亲子关系的恶化。我相信许多从事家庭关系的专家都会同意，当今大多数男性并没有成为好爸爸。这种通过权力对他人的控制恰恰阻碍了其与家人发展出温暖、相互支持与关爱的关系。

在 P.E.T. 课堂中，爸爸们的身影也难得一见。我们也注意到当妈妈们提及在家里实践 P.E.T. 技巧的难点时，权威型的丈夫所带来的阻碍往往排在第一位。

学校里变革的阻碍

在学校里抗拒放弃对孩子的管教的最主要原因与家庭中的一致。毕竟，老师及学校的行政管理人员也都是在这样的高压管教、过度的奖惩中长大。

并且，许多老师们在自己的学生时代，所遇到的老师也都是通过专制的方式管理学生，也是成长于教鞭之下。学校的管理人员碰到的也往往是专制型的校长。我甚至怀疑老师及管理人员在自己的成长过程中，是否有机会碰到哪怕一位日后可以作为职业榜样的民主型老师。

不想被忽视，正是像学校这样的传统机构恐惧变革的原因所在。查尔斯·斯尔伯曼在他的经典著作《教室危机》中点出了这些在学校里经年不变的顽固做法：

> 这些学校教育中的“必需品”在经历了时间和文化的变革中依然没有革新，而这些“必需品”仅仅源自那些未加验证的假设与未被质疑的行为、那些对秩序与控制的偏执、那些对时间表与课程计划的依赖、那些对倚老卖老的沉迷，加上喧闹与运动的缺乏、沉闷与压抑、正式的讲座、以老师为主导的“讨论”、强调言语而忽略实质内容、调动学生自主学习的无力、学习与玩耍的相互对立——这里没有任何一项是必需的，所有都可以被消除。

我赞同斯尔伯曼列出的这些学校里顽固不变的操作方式。

我也相信这些方式曾经在学校碰到严重困扰时，起到了重要的作用。同时，我还想加上如下几条：全世界都在使用的以成绩评价学生的方式（这种方式在极少数同学获得表扬的同时也贬损了大多数孩子，而课外活动也只能由或是漂亮或是体能优胜的学生参与）；要求所有学生修同样课程，并同时具有相同思维能力的传统教育方式。

唯一同时获得由美国心理学会颁发的卓越专业贡献奖与杰出科学贡献奖的心理学家卡尔·罗杰斯先生，曾经对我们说过这样一段关于学校的话："当我去参观我孙子们的学校时，我所看到的与我 60 年前做学生时所看到的毫无差别。"我想其他对于学校系统做过严谨调查的专家们，也会同意罗杰斯先生的看法。

我来总结一下抗拒放弃对孩子们管教和控制的深层原因。当我想要概括这些原因时，我发现所有的抗拒都源自一个原因——可以说是一种普遍存在的对民主团体的不信任，以及缺乏实施民主的经验。民众们满足于自己所熟悉的事物而抗拒对未知事物的尝试——对许多人来说，我相信民主还只是一个未知事物。

在下一章，我将会尝试来解释何为民主家庭，何为民主学校，何为真正有益于其成员健康的民主（与专制型的家庭和学校不同）。

P.E.T.

PARENT

EFFECTIVENESS

TRAINING

11

第十一章
民主关系如何
促进幸福与健康

对管教的概念及使用情况的理解越深入，就能越发深刻地认识到它的本质——大量的数据揭示了这种方式是无效的，也有惊人的证据证实了这种方式会带给孩子与年轻人伤害。我的研究也让我发现了比管教更为有效的其他方式，尤其是一些学校里的创新方式。这些研究让我确认并且深信在 P.E.T. 与 T.E.T. 课程中所分享的技巧是非常有效的——这些技巧包括双向沟通、解决问题、冲突管理和咨询引导等人际交往技巧。

让我倍感自豪的是，这项工作开始让我越来越集中深入地思考一个话题——也是多年来我与同事们经常在非正式场合探讨的一个话题——民主关系与民主团体会带给人们安康，而非民主的关系往往会引致人们的病态。

有越来越多的证据证明如果组织内的管理人员能采用参与式的管理方式，包括团队决策、员工的高参与度、双向沟通，那随之而来的是员工生产率提高、离职率降低、道德水平提升、抱怨减少、缺勤率降低、身体也更为健康。而员工自身的感觉也会较好，更愿意工作，拥有自信与自尊，无力感减少。这与在第七章中约翰与威廉姆对 50 家公司调研之后得出的结论类似。

将民主参与式的领导方式带入学校并实施一段时间后，可以看到学生在学习习惯养成、学术成绩方面的提高，同时社交技巧也有所提升。不同肤色与背景的学生相处更为融洽，道德水平也提高了，破坏公物的行为随之减少。这些结果也同样出现在第七章的研究报告中。

那么学习了如何创建民主型家庭的家长们，是否通过这些新的方式促进了孩子们的身心健康？我的答案是肯定的，而且有大量的研究报告也证实了这个结论。

在一些研究中，研究者对P.E.T.课程的效果做出了评价——所有的研究团队都是独立于P.E.T.相关组织的。1983年，波士顿大学心理学家罗兰德·列文发布了一组23份与此相关的报告综述。很可惜，在这些综述中，罗兰德发现多数报告在研究方法上存在漏洞，最后他从中严格挑选出三组符合研究方法标准的调查。每份调查都对参与过P.E.T.课程的家长组与未参加课程的家长对照组进行了课前及课后的考量。在35份比较数据中，24份（69%）的P.E.T.家长优于对照组，另有11份（31%）显示无差异。

列文特别发现P.E.T.课程带给家长们态度与行为上的正向变化：他们开始更接纳孩子，更为自信、更加理解他人。P.E.T.家庭里的孩子更为自尊，他们在班级的行为也获得了更多来自老师们的正面评价。

之后，列文博士的学生布鲁斯·希达通过元分析（meta-analysis）方法综合了26份不同的研究，得出了如下结论：

- P.E.T.课程带给家长态度及行为上正向的影响，这种影响会持续到完成课程后的26周；
- 更科学化的研究设计能显示出家长和孩子身上更多正向的变化；
- 家长们在“民主理想”、对孩子的接纳度及对孩子的理解中获得较高评分；
- 父母参加P.E.T.课程后，他们孩子最明显的变化是自尊提升。

列文博士也在布鲁斯的研究报告后做了如下评论：“P.E.T.

能得出一份全优的成绩单，只是我们需要更高水准的测评技术。”

德州大学的埃德蒙·埃梅和艾米·奥斯克在 8 个研究报告中报告并总结了 T.E.T. 课程带给老师的效果：

这些研究测评了老师们在参加完 T.E.T. 培训后的行为，发现老师们使用 T.E.T. 推荐技巧的能力都有所提高。效应量有小有大，但均有明显的效果。这个结果支持了结论：T.E.T. 培训能改变老师的态度与行为，而老师态度与行为的改变方向吻合 T.E.T. 模型的设想——对待学生观点和感受更为民主、更为关心，对学生的行为也更加接纳。

也有其他一些研究结果显示出民主型养育（非 P.E.T. 家长）在培养孩子自尊方面的正向作用：

• 斯坦利·库珀史密斯对十五年级与十六年级学生的研究显示：自尊感高的孩子们较之于自尊感低的孩子们，他们的家长会更为倾向于使用说理而非强迫的方式，在制定与孩子相关的家庭决策时，更为民主，并且允许孩子们参与并且接受孩子们对家长观点的质疑。

• 在对一些高自尊感的孩子进行观察及做了相关研究后，艾诺丽·麦科比和约翰·马丁做出了如下总结：“有足够的证据可以表明，孩子的高自尊感既不是来自强权式控制，也不是来自彻底的自由与放纵。它恰恰来自父母与孩子的互动，在这个互动中，家长也有自己合理的需求，但是家长不会将限制强加于孩子身上，而是孩子也拥有可以自己做决定的权利。”

下面的两个研究主要针对养育方式与孩子身体健康之间的关系：

• 比较孩子患有身心失调疾病（支气管哮喘、关节炎、溃疡性结膜炎、消化性溃疡、特应性湿疹）与孩子患有非身心失调疾病（小儿麻痹、先心病、肾病、血友病）的妈妈的行为，结果显示：孩子患有身心失调疾病的妈妈较之另一组妈妈往往更有控制欲与善于争辩。

• 对低过敏体质与高过敏体质的孩子进行观察。母亲的批评与拒绝往往会导致低过敏体质的孩子也出现哮喘。

多年前的一次经典研究强有力地说明了民主型家庭氛围带来的益处，这项研究由俄亥俄州的菲尔斯机构进行。在这项研究中，分了三种类型的家庭：专制型、骄纵型与民主型。这些家庭的孩子们参与了一系列测试，并且在他们进入青春期之前也周期性地参与测试。其中最让人惊讶的结果是孩子们智商的变化。多年后，成长于专制型家庭的孩子们，智商出现了轻微下降；骄纵型家庭的孩子们，智商与之前持平；而民主型家庭里长大的孩子，其智商水平有了显著提高，平均提升了八个点。观察者做了如下总结："可以看出民主型的环境是对脑力发育最具有建设性的环境。"民主型家庭的家长为孩子们提供了自在、融洽并且理智的氛围。同时，这些孩子们也在创造力、计划性、耐心、好奇心和想象力上均获得了来自老师的较高评分。这些孩子们在学校里也往往承担了学生领袖的角色，他们在情绪调节上更为成熟。研究者鲍尔温、卡拉霍和布利斯这样写道：

来自民主型家庭的孩子，当他们到了入学年龄时，他们的社会技能会获得显著发展；他们很受欢迎并且会成为领袖；他们比较友好并且和蔼；他们的情绪比较稳定，不易激动；他们与家长的联结紧密，并且在与老师的互动中比较灵活。

在之前的章节中，我引用了其他具有说服力的研究结果，证明了非强权、非惩罚型的家庭会养育出更为健康、更富于效能的孩子。在这样的家庭中成长的孩子在各个方面都显示出更为“健康”的表征，诸如：

较少有过激行为

较少破坏公共财物

较少与其他孩子发生暴力冲突

较高的自尊

较弱的自杀倾向

与同学或同事有良好的人际关系

较多的社会担当

较多外在的控制点

较少出现沮丧与哭泣

在恋爱中满意度较高

担忧与焦虑较少

较少自责

较少争吵

较少害羞

另一个针对引发社会性精神问题的根源性因素的开创性调查也再次支持了我的一个观点——也就是对他人使用权力会引

发他人的身体疾病。在第一本全篇幅就预防精神性疾病的书籍中，作者为心理学家马克·凯斯勒与乔治·阿尔比。他们对当时已发表的文献（381份文章及书籍）做了综述，总结了致病原因及如何预防。在结尾处，他们总结道：

正如阿克顿勋爵所言，“权力导致腐败，绝对的权力导致绝对的腐败”。我们所观察到的任何地方、我们所回顾过的任何社会研究，都在说明人类的压力与不幸往往都源自过强的权力压制。工业化社会带来的污染；过分的开采；过度依赖自动化与电器设备的文化趋势；第三世界与高消费国家之间的能源之争；来自被剥削的贫穷地区的反击；男性对女性的剥削、成人对孩子的剥削、整个社会对老人的剥削——这些都足够得出一个假设：减少与控制权力的使用会提升人类的精神健康。

这些研究都非常认可，民主型家庭所营造出的氛围可以带给孩子健康、创造力和身心的共同发展。这是如何发生的？到底是什么带给了家庭这样的活力？研究给出了一些线索，但是我们从参加过P.E.T.课程的父母们那里了解到了更多。

1. 羞辱的减少

民主家庭中最常见的特征莫过于在处理不可接纳行为时没有任何形式的惩罚。在传统家庭里，基于权力的强权性控制，自然会使用惩罚来迫使他人妥协与服从。而惩罚也往往会让孩子感到被羞辱，连续产生的沮丧感必然会破坏孩子身心两方面的健康。亚伯拉罕·马斯洛，作为人本主义心理学国际联合会的奠基者，清晰指出了这个原则：

人们应当清晰地认识到每当他们威胁、羞辱、伤害、指使或者拒绝他人时，他们就在推进他人精神疾病的形成，尽管这个作用力很小。同时，人们也应当意识到每当他们显示出自己的善良、助人为乐、得体、民主、关爱时，他们就带给了对方精神疗愈的力量，尽管这个作用力也很小。

如果家长们能用上述马斯洛所提及的方式对待孩子，能够使用在第六章和第七章中所提及的非权力式的方式，能够尊重家庭所有成员都拥有相同权力来满足自己的需求，那么孩子就会避免使用那些会造成自我伤害的应对模式，他们也不再需要使用那些极端方式——愤怒的反叛、违反法律、酗酒、吸毒、暴饮暴食、侵犯他人、畏缩——同样，在这样的家庭里，孩子们没有反抗、逃离或是屈服的必要。他们往往不会遭遇需求被掠夺、被羞辱、或者绝望，也就不会引发相应的对抗模式。这并不是说他们的生活会永远被玫瑰围绕，也不是说他们就不会遇到任何困扰和经历失望。我总结了自己多年在家庭治疗与父母培训上的经验并且阅读了大量相关的科研文献，从中提炼出那些与孩子健康、效能有关的要点。我见证了那些在温暖、接纳和无惩罚的家庭中长大的孩子拥有足够的资源（他们自己和来自父母的支持）来应对那些家庭之外的麻烦、冲突与失望。

2. 压力与疾病的减少

当家长通过成功使用 P.E.T. 的技巧营造出民主的家庭氛围后，家里还会出现其他一些积极的效果。从著名心理学家汉斯·赛亚指导的对压力的研究及文献中，我们知晓高压往往会引发疾病——悲痛的压力、单恋、忧愁、财物损失、蒙羞、情绪的积压以及其他的痛苦事件。所有成长于使用惩罚和强权的家庭的人们都明白，在这种家庭的长大过程中所遭遇的巨大压力——体罚带来的疼痛与羞辱、担心被惩罚而产生的恐惧与焦虑、为了逃脱惩罚而出现的紧张、被强权对待后所产生的愤怒与怨恨、对父母又爱又恨的复杂感受。

相比而言，学习了让家庭更为民主的家长，会让家庭充满了合作，家庭成员之间可以分享快乐、公平解决冲突、满足彼此需求、相互体谅——没有父母的强迫、没有惩罚、没有恐惧。家长们通过使用 P.E.T. 的方式让孩子们的成长过程没有过多的压力，因此也减少了疾病的产生。既如此，当参加了 P.E.T. 课程的学员们报告说他们的孩子更少感冒、更少出现消化性疾病、更少过敏时，我们也就不会觉得诧异。

在《父母效能训练》一书中，我分享过一个案例。妈妈通过积极倾听，发现她患有哮喘的孩子很害怕“鼻子堵住时如果睡觉再把嘴巴闭住他就会死去”。经过她的积极倾听，孩子不再出现这种症状。

亲子间复杂的关系会引发孩子的疾病并不是天方夜谭，也有研究证实了情绪压力与疾病之间的关系。专制、惩罚、批评、约束和拒绝会带给孩子恐惧、生气、冷漠和沮丧——这些都是心理压力带来的常见行为。由此可以推断出当大人减少强权、惩罚、约束后，孩子就有了更为广阔的成长空间——身体的健康以及对疾病的抵抗力。

3. 更强的解决问题能力

现实生活往往很残酷并且复杂，孩子们总会在满足自己需求的过程中不得不面对自己生活中的困难。要应对这些困难就需要掌握有效的解决问题的技巧。本书所倡导的养育与教学的方式，鼓励孩子们积极参与到解决问题的过程中，而不是被动听从大人的指令。在这个民主的氛围中，孩子们通过设定家庭与班级规则、做计划以及解决各种冲突而掌握了解决问题的技巧。当家长和老师们不再自己给解决方案、不再做决定和设定规则时，孩子们就获得了机会去获取解决问题的经验，而通过从这些经验中获取的能力会在孩子的一生中、在不同的领域支持孩子。这也必然会提升孩子的自信、自尊、独立和掌控个人命运的能力。

4. 愤怒与敌意的减少

当年轻人（成人亦然）有被剥夺感，感到沮丧、挫败时，怒气就会升起，这个怒气抑或针对自己而自怨自艾，抑或针对他人而产生怨恨。这种愤怒和敌意往往是长期失败者身上会出现的模式。本书所倡导的技巧会极大地减少孩子们在与大人的冲突中遭遇的挫败感，会减少他们的“二等公民”感。有满足感并且需求被满足的年轻人不太可能成为一个报复社会的敌对分子。

5. 没有恐惧

惩罚、强权式的管教方式，往往依赖于孩子对家长或老师的恐惧。就像被惩罚过的狗会变得退缩、紧张和警醒——成长于强权环境中的孩子亦如是。生活的环境中如果总有潜在的危险，那么人的心理健康就会遭受伤害，越战归来的老兵正是被大家所公认的极端案例。成长于民主氛围下的家庭和班级的孩子无须恐惧——他们拥有一份不怕被惩罚、被剥夺的自在。

6. 责任感与命运控制

临床证据显示如果我们无法为自己的生命负责、无法为自己的命运负责时，即会产生精神问题——尤其是沮丧、焦虑与压力。P.E.T. 与 T.E.T. 课程的核心正是提升孩子的自我管控能力而不是大人外在的控制。近来，心理学家们也开始对这个话题感兴趣，他们使用了术语“命运控制”。专制型的家长和老师往往过分依赖外在的力量控制孩子，促生了孩子的依赖感与对自己命运的无法控制感。民主型的家长与老师，给予孩子更多的自由与责任感，让孩子感到大人对他们有足够的信任，他们可以为自己的命运做主。在第五章中，我详述了斯坦利·米尔格兰关于对权威服从的实验。还记得他所做的结论吗？“对权威的屈服所导致的最深远的影响就是责任感的缺失。”

7. 自我伤害行为减少

青年人冒险及自残行为往往会以集体事件发生。当孩子在生活中受到太多痛苦、被剥夺了太多权力时，他们就会用一些伤害身体健康的方式来对抗，如吸烟、吸毒、飙车、酒驾、过早的性行为等。无论是在家庭还是在学校，如果孩子们基本的需求获得尊重、规则的设定是采用无输家的方式、公平公正被看重，那么孩子就不太会出现这些自我伤害的行为。

8. 良好的交际能力

参加了 P.E.T. 课程的家长们报告说自己的孩子们最终也掌握了其父母在课堂上所学习到的技巧，毫无疑问，这是榜样的力量。家长对孩子的倾听教会了孩子们也去同理心倾听。家长所发送的“我—信息”让孩子们学习如何开放、真诚、不加责备地沟通。也由于孩子们经常与家长一起解决问题，他们也知道如何与他人解决问题，通过无输家的方式来解决冲突。

我们也从学习了 P.E.T. 的家长们那里了解到（往往是第一手资料）：他们的孩子会更容易发展出亲密与温暖的友谊；孩子的朋友们会愿意将自己的困扰告诉他们；当与朋友们出现冲

突时，他们可以与朋友们一起找到解决办法；年幼的孩子更愿意与他们在一起、尊敬他们、模仿他们；大人也会被他们的交际能力所吸引；他们不会剥削他人，他们会努力做好自己分内的事并且愿意分享；最后，正如费尔机构的研究报告显示，这些孩子们会承担学校及其他组织的领导角色。

孩子们在家里所获得的这些积极的经验可以帮助他们收获友谊，并且帮助他们发展出自信与自尊，也能够得到来自他人的喜爱与赞美。简而言之，一个有益于身心健康的家庭会帮助孩子学习人际技巧，而这些人际技巧会带给他们更为健康的人际关系与包括来自家庭之外的成功经验。

无论是研究呈现的结果还是我们观察到的民主式的家庭个例，我们都了解到成长在民主型家庭的孩子会有较高的自尊，会更加负责任、有自信、知晓如何管教他人并且发展出亲密的友谊——也就是说，获得了来自身体、心灵及社会性三方面的健康。

在工作场合也如此。只有极少数的人会真正碰到民主式的管理者，可以不用感受那些由于强权管理而产生的沮丧、强制、恐惧、不安全感。幸运的是，雇佣关系中人们拥有更多的自由去逃离这样的关系。

如果周围没有民主式的氛围，那么当孩子们接近青春期时，他们与家人与老师的关系就会开始紧张。正因为如此，我们有必要更加努力地推进家庭及学校的民主化进程，将这些会引发孩子们的精神病理的因素铲除，而不是让孩子受到精神问题的侵袭。

吸毒与酗酒正是这样的行为。我很确信比起其他方式（如严词拒绝，为儿童开设介绍酒精和毒品生理危害的课程、心理咨询项目、教授家长们识别孩子吸毒与酗酒迹象的课程等)，民主式的家庭与学校可以更为有效地降低青年中这些自毁行为的出现频率。马克·凯斯勒与乔治·阿尔比在他们的开创性理论书籍《预防心理疾病的首要因素》中也强调了预防较之治疗更为重要。

就公共卫生而言，存在着这样一个信条：在人类历史上，没有任何一种传染病是通过对患者的治疗而被控制住的。对天花病的治疗并没有让人类征服天花病毒；无论是伤寒、小儿麻痹症或是麻疹，人类都没有在对患者的治疗中征服病毒本身。任何危及人类的瘟疫，都是在找出致病原因后采用一系列有效的步骤而被人类所控制。这些步骤中，最重要的就是预防措施。

我坚定地相信我们至少发现了一个引起青年人精神疾病与反社会行为的主要原因：过分依赖权力和惩罚式的管教来控制孩子们在家中与学校中的行为。这个发现本身就已鼓舞人心，更让我们激动的是我们也早已知晓在这种管教方式之外，还有更为有效并已明确的可选择方案。这些可选择方案能够激发出孩子们的善意，而这些善意正是大人与这个社会所希望看到的。

我们对待孩子的方式对这个社会的影响远远超过了人们的想象。天文学家卡尔·萨根在他的著作《宇宙》一书中，提到神经心理学家詹姆斯·普利斯格特所做一项跨文化研究，其中涉及对400个工业化前社会的分析。普利斯格特发现如果文化中充斥着对孩子的体罚并且压制孩子们明显的喜好，那么这样的文化也伴随着如下特征：奴隶化、频繁地杀戮、对敌人的折磨、深信女性地位低下、强烈忠诚于某个人或超自然事物。

分析总结管教及其他方式对社会可能带来的长期效果，这会有助于家庭与学校的民主化进程——进而可以让孩子们从权力管教的控制中得到释放。基于在之前章节中我所提及的研究结果，我们能得出如下预判（其中一些是概念上的推测，但是任何预判都来自事实与经验；一些预判将意义深远并且大家在社会中都能深切感受到）：

（1）孩子在身心两方面都会更加健康。

（2）可以预见那些对社会不利的青春期孩子，他们的自我伤害行为与高风险行为将实质性减少：少年犯罪、酗酒、吸毒、飙车、破坏公众设施、旷课、自杀、强奸、枪支暴力、婚前怀孕及过失伤人等。

（3）被赶出家门的孩子或是离家出走的孩子越来越少。

（4）无论孩子们内在的智力水平如何，他们都被允许按照自己的节奏来学习，孩子们摆脱了由于未及格科目、辍学和未受到教育而产生的羞耻感。

（5）弥漫全世界的师生间的紧张关系开始转变为朋友关系和伙伴关系。孩子们开始喜欢他们的老师并且爱上了去学校。

（6）亲子之间、孩子之间、配偶之间的家庭暴力行为显著减少。

（7）多数孩子都会被激励去学习，并从中获得成就感及自尊。

（8）青春期不再充斥着暴风雨与压力，无论是对家长还是对青春期孩子自己而言。

（9）破坏了大多数学生自尊的评分体系将消失；取而代之的是，针对每个学生对自己在掌握技能与学科方面的个人进步评估。因而，学校不再意味着失败——在那里，每个孩子都会尽力而为，成就最好的自己。

（10）年轻人会相互尊重彼此的需求与权利，正如大人对他们需求与权利的尊重。

（11）高中、大学及研究机构的毕业生也学会了如何与他人合作的技巧，可以参与到管理中，能够友善地解决冲突并且与他人发展出民主、无强权的人际关系。

（12）越来越少的人会感到无助与无望，他们会更诉之于自身来解决问题而非抱怨外在因素。

（13）他们不再依附并屈服于强权。

（14）更多的年轻人成长为具有高道德、高伦理准则的成人。

我相信我们将会看到未来的一代会是“新新人类”，他们与今时今日的年轻人明显不同，他们更加健康、开心、更为自主、更加自信、自食其力、更愿意为他人着想、更加自律。

这样的“新新人类”我早已认识不少——那些家长学习过 P.E.T. 课程的孩子们；那些在学习过 T.E.T. 技巧，懂得如何民主化管理班级，并且让孩子们相互尊重的老师班里的学生们。相信我，这些年轻人将让人刮目相看。

如何培养孩子的自律、自立、自控和自尊？关键在是否尊重并激发了孩子“自身”的主体性。这也是 P.E.T. 优于“奖惩式管教”的秘密所在。

——刘建鸿　华东师范大学发展与教育心理学博士

这是一本会改变家长思维模式与认知的书，它让家长借助于亲子沟通技巧的学习与实践完成从教导孩子到改变自己的认知升级。是一本让“育儿即育己”不再停留于口号的实践手册。

——王人平　新浪知名育儿大 V

父母和老师，在孩子成长路上的两大权威，要如何与孩子相处？让他怕你、躲着你还是早早就关闭了心门？我们到底要选择哪条管教之路，才能既让孩子舒心地成长，又让自己内心平衡呢？这本书给出了切中要害的答案。

——赵晓曦　壹父母学院院长

P.E.T. 家成长联系方式：

电话：13810787645　郭岩老师

微信号：jiachengzhang

12
双赢
规则
接纳
他律
9
3
"我-信息"
自律
倾听
管教
6

12
双赢
规则
接纳
他律
9
3
“我-信息”
自律
倾听
6
管教